ISBN 978-0-656-27211-2
PIBN 11007546

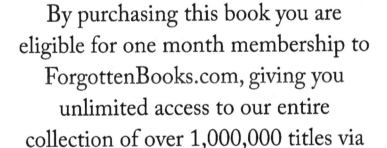

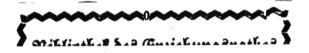

CHARLES · WILLIAM · ELIOT

PRESIDENT · OF · HARVARD, 1869-1909

VE RI TAS

CHARLES · WILLIAM · ELIOT
· · · COLLECTION · · ·
IN · HONOR · OF · HIS · NINETIETH · BIRTHDAY
MARCH · 20TH · 1924
EX · DONO
HARVARD · ALUMNI · ASSOCIATION ·

Organisation
der Volksschule.

Von

Dr. Thomas Scherr,

Alterziehungsrath und Seminardirector im Canton Zürich.

Leipzig,
Verlagsbureau.
1847.

Druck von Otto Wigand

Inhaltsübersicht.

Erste Abtheilung.

Ueber die Ursachen, wenn die erwartete heilsame Einwirkung der verbesserten Volksschule sich nicht in einem veredelten Volksleben offenbaren sollte.

Zweite Abtheilung.

Ueber die Mittel, um dem bezeichneten Uebelstande abzuhelfen. A, vollständige Organisation, oder B, Verbesserung der bestehenden Volksschule.

I. Abschnitt. Die Schule der Kindheit.

II. Abschnitt. Die Schule der mittlern Jugend.

III. Abschnitt. Die Schule des bürgerlichen Alters.

IV. Abschnitt. Erörterung der Schwierigkeiten, welche der vollständigen Organisation im Wege stehen.

V. Abschnitt. Vorschläge zur Verbesserung der bestehenden Volksschule insofern die Organisation der vollständigen als unausführbar angesehen würde. — Schlußbemerkungen.

Erste Abtheilung.

Frage:

Welches sind wol die Ursachen, wenn unter denjenigen erwachsenen, bürgerlich aktiven Volksklassen, welche in der verbesserten Volksschule unterichtet werden, jenes edlere Volksleben sich nicht gestalten sollte, das man in moralischer und intellektueller Hinsicht erwartet?

I. Abschnitt.

Antwort: Die Haupturfache müßte in der unvollständigen Organisation der Volksschule gesucht werden.

Die Frage weist insbesondere auf solche Kinder, welche nicht für „den gelehrten Stand bestimmt sind," und diese Hinweisung erfasse ich als Anknüpfspunkt meiner Abhandlung; weil man gerade von diesem Punkte aus unmittelbar zu der Haupturfache jenes großen Uebelstandes gelangt, deſſen Beseitigung die Löſung der Frage erzielen soll. Die Anzahl der Kinder, welche in die bezeichnete Klaſſe gehören, verhält ſich zu der für den gelehrten Stand bestimmten, wie 1000 zu 1.

Die Schule, von der hier die Rede ist, muß also ganz vorzüglich für die Zwecke jener Tauſende eingerichtet werden; dieſe

Forderung ist aber keineswegs genugsam berücksichtigt, wie sogar schon aus der besondern Bezeichnung der Schule erhellt. Man nennt sie Primarschulen, Elementarschulen, wol auch Volksschulen. Der letztere Name ist der rechte, aber die Einrichtung der Schule entspricht mehr dem erstern. Noch waltet vorherrschend die Ansicht, daß die Schule nur die ersten Bedingungen der Menschenbildung, die ersten Stufen und Grade wissenschaftlicher Kenntnisse und Fertigkeiten zu erreichen und zu fördern habe; daß sie nur die Elemente lehren soll: gleichsam als ob ihr Hauptzweck in der Vorbereitung auf weitere und höhere Schulbestrebungen bestehe. Wie aber diese Stellung den Verhältnissen nicht angemessen sei, ergibt sich sogleich aus der Betrachtnahme, daß von 1000 Schülern oft kaum einer zu gelehrten Studien bestimmt ist, und die Schule als solche für alle andern die einzige Lehranstalt bleibt. Die erste Hinweisung auf die so ungünstig wirkenden Ursachen erhalte ich in der vielfach verkannten, eigentlichen Bestimmung der Schule.

Ich verwerfe die Namen Primar= oder Elementarschule als unzureichend und unzweckmäßig, und setze den Namen allgemeine Volksschule. Als solche sei sie eine selbständige Bildungsanstalt: sie hat ihre eigenen Zwecke, sie macht für sich ein Ganzes aus, sie muß in ihrem Gebiete eine vollständige Bildungsaufgabe lösen. Das erste Erforderniß zu ihrer Organisation ist eine genaue Begränzung dieses Gebietes, eine gründliche Darlegung des Wesentlichen und Nothwendigen, eine sorgfältige Auswahl der entsprechenden Mittel: Alles dieß aber hängt von der richtigen Erkenntniß des Wesens und der Bedeutung der allgemeinen Volksschule ab. Die allgemeine Volksschule umfaßt nicht bloß die Kinder des Volkes, sondern sie muß ihre Wirksamkeit über alles Volk und durch alles Volk ausdehnen. Ihre verschiedenen Lehr= und Bildungsstufen müssen den Altersstufen, Kräften und Bedürfnissen entsprechen. Wer nicht zu jenen Klassen des Volkes gehört, die in höhern Schulen gelehrte

Bildung oder besondere wissenschaftliche Kenntnisse sich erwerben können, der bleibe durchs ganze Leben ein wirklicher Zögling der Volksschule. Die sogenannte Primar = oder Elementarschule, mit einem Wort, die Kinderschule ist nur eine, und wenn schon die wichtigste, doch nur die unterste Stufe der allgemeinen Volksschule. Diese hat daher ihre besonders abgesteckten Bildungstufen und Bildungszwecke für die Kindheit, für die mittlere Jugend und für das bürgerliche Alter. Sie muß ihren Zögling durchs ganze Leben im Auge behalten und auf jeder Lebensstufe nach seinem Bildungsbedürfnisse auf ihn einwirken.

So würde sich die allgemeine Volksschule in ihrer vollständigen Organisation nach drei Stufen darstellen:

I. Stufe: Schule der Kindheit.

II. Stufe: Schule der mittlern Jugend.

III. Stufe: Schule des bürgerlichen Alters.

Da aber die jetzige Volksschule auf die Stufe der Kindheit beschränkt ist; unter dieser Beschränkung dennoch die Bildungsbedürfnisse aller drei Stufen befriedigen sollte, so müßte es kommen:

A. daß man gegen den Entwickelungsgang der Menschen, also unpsychologisch, beim Unterrichte verfährt;

B. daß die Schule mit speziellen Forderungen zur Erwerbung von Kenntnissen und Fertigkeiten überladen ist, und somit Vieles nur oberflächlich, fehlerhaft und mangelhaft gelehrt und gelernt wird;

C. daß, weil nach den Kinderjahren eine geordnete Weiterbildung und Fortübung aufhört, alsbald Stillstand, darauf Rückgang und schnell der Verlust des Erlernten eintritt.

Da ich aus diesen drei Punkten den Schluß ziehe, welcher als Inbegriff meiner Antwort auf die vorliegende Frage steht, nämlich:

Daß die unvollständige Organisation der Volksschule die Haupturfache ihrer bloß mangelhaften
Einwirkung auf das Leben sei, — so ist es nothwendig,
jedem dieser Punkte einen eigenen Abschnitt zu widmen.

II. Abschnitt.

Nachweisung, daß man bei der unvollständigen
Organisation der Volksschule gegen den Entwickelungsgang des Menschen, also unpsychologisch, ver-
fahre.

Das gesellige und bürgerliche Leben stellt nun einmal an
die Volksschule unabweisbare Forderungen in Hinsicht auf nothwendige und nützliche Kenntnisse und Fertigkeiten. Und diese
Forderungen steigern sich um so mehr, je künstlicher und ver-
wickelter sich die Lebensverhältnisse gestalten. Und die Kinderschule, indem sie die mittlere Jugendzeit und sogar das bürgerliche Alter antizipiren soll, muß unnatürliche Sprünge machen,
muß Situationen annehmen, in welchen sich das Kind ganz und
gar unheimisch fühlt. Das Herabziehen von Darstellungen,
Erklärungen, Pflichtbestimmungen aus höhern Lebensstufen ist
ein leeres Wortgeklingel in der Kinderwelt; was aber so gelehrt und gelernt wird, das wird eben von den Kindern vergessen, oft schon in den ersten Jahren, nachdem sie die Schule
verlassen haben. — Es gränzt ans Unglaubliche, welche Zu-
muthungen dem kindlichen Sinne, Gemüth und Verstande in
dieser Hinsicht gemacht werden, damit die Schule recht wirksam
für das ganze Leben sich erweise. In Deutschland sind die verbesserten Volksschulen in manchen Staaten schon seit fünf und
zwanzig Jahren in Wirksamkeit, und doch durfte vor Kurzem,
ohne daß sich ein Schrei des Unwillens unter den Schulmännern erhob, in einer Preisaufgabe als ein Faktum hingestellt

werden, daß dort die Erfahrung unsre Frage bereits ungünstig
beantwortet habe. Das ist wohl der schlagendste Beweis, daß
die Kinderschule die Aufgabe der allgemeinen Volksbildung
nicht zu lösen im Stande sei. Dennoch dauert das Drängen
und Treiben, die einer höhern Entwickelungsstufe angehörigen
Lehren und Uebungen in der Kinderschule abzufertigen, mit ver=
stärkter Uebermacht fort, und zwar läßt sich dieß entschuldigen,
weil das Bedürfniß nach wissenschaftlichen Kenntnissen und Fer=
tigkeiten, wenigstens bei einer Anzahl von Erwachsenen, immer
weiter sich ausbreitet. Recht merkwürdig ist, wie die Täuschung,
als ob ein Knabe das wirklich begreifen und verdauen könne,
was nur dem denkenden Jünglinge oder dem verstandesreifen
Manne in seiner wahren Bedeutung zur Einsicht kommen mag,
so allgemein werden konnte. Ja, daß sich selbst geistreiche Pä=
dagogen in dieser Täuschung befangen zeigten, und sogar geist=
reiche Werke schrieben, um den Schein zur Wirklichkeit zu
machen. Jedem ist klar, daß man mit einem vierjährigen Kinde
nicht so sprechen kann, wie mit einem gescheiden zwölfjährigen
Knaben; hingegen scheinen gar Viele den guten Glauben anzu=
nehmen, mit dem zwölfjährigen Knaben lasse sich lehren, be=
sprechen, erörtern, was erst auf der Entwicklungsstufe des Jüng=
lings und des Mannes in seiner richtigen Bedeutung aufgefaßt
wird. Indem man sich abmüdet, die Lehren, Erfahrungen und
Bedürfnisse des ganzen Lebens in die Kinderjahre hereinzuzie=
hen, indem man in geistiger und praktischer Hinsicht Bildungs=
vortheile aus diesen Jahren ziehen will, die für das ganze Le=
ben ausreichen, handelt man im schroffsten Gegensatze zur Kin=
desnatur. In der Zeit, da das Kind noch in reiner Sinnlichkeit,
in kindischer Spielerei und Nachahmung seine natürliche Ent=
wickelung abspiegelt, muß es schon mit abstrakten Zahlverhält=
nissen und Sprachbegriffen herumgeschult werden. Der Knabe,
der den schönen Traum der Kindheit noch nicht ausgeträumt
hat, dem das Leben, wie seine schönsten Spiele es zeigen, selbst

noch als ein Spiel erscheint, muß schon mit den ernsten Gedanken bürgerlicher Pflichten sich befassen. So zwingt uns die
unersättliche Forderung, welche man an die Kinderschule stellt, da,
wo noch Sinnenübung und elementarische Sprachübung der Entwickelung entsprächen, schon den Verstand vorherrschend anzuregen, und überall vorauseilend und über die Stufe hinaustrei-
bend, gewaltthätig gegen die Natur anzustürmen.

Und die Kinderschule, über der sich der blaue, nur selten
und kurze Zeit mit leichten Flaumwolken umspielte Freudenhim-
mel der Kindheit wölben sollte, wird zur Lehrstube düsterer Moralität und ernster Intelligenz. Es scheint aber, als ob die
Natur gegen diesen Zwang sich rächen wollte. Ich kann nicht
umhin, bei dieser Erörterung auf zwei Männer hinzuweisen, die
in der Geschichte der Pädagogik ruhmvolle Stellen einnehmen,
Pestalozzi und Grafer. Pestalozzi bestrebte sich hauptsächlich, den Unterricht, wie er sich ausdrückte, zu psychologisiren.
Seine Methode entsprach daher vorzugsweise der formalen Sin-
nen= und Geistesbildung. Ihm galt der Satz: „Sind Sinne
und Geist geübt und geschärft, so wird sich der Schüler später
in Alles leicht hineinarbeiten, sich in allen Lagen und Verhältnissen zu helfen wissen.“ Aber indem er so in weit ausgespon-
nenen Elementarübungen bei streng lückenloser Methode seine
Schüler fortführte, gingen die Jahre der Kinderschule vor-
über, und dann fragten die Eltern nach nützlichen Kenntnissen
und praktischen Fertigkeiten, welche nun einmal nirgend, als in
der Kinderschule erworben werden konnten.

Dieß war der Stein des Anstoßes, an welchem Pestalozzi's
Werk mächtig erschüttert wurde.

Grafer schrieb eine Elementarschule fürs Leben. Die Kin-
derschuljahre wurden in Kurse abgetheilt und die Kurse ent-
sprachen den Lebensverhältnissen. Es sollte das Kind unterrich-
tet werden über das elterliche Haus, die Familie, die Gemeinde,
den Bezirk, die Provinz, den Staat, den Erdtheil, die Welt.

Es unterliegt keinem Zweifel, die nothwendige Beziehung der Schule zum Leben ist in dieser Idee richtig und klar dargestellt. Ein ausgezeichneter Methodiker und erfahrner Lehrer, Wurst, hat Grafer's Ideen theilweise in einer gekrönten Preisschrift ganz speziell ausgearbeitet. So geistreich die Idee, so meisterhaft die Bearbeitung, es hat Wurst's gekröntes Schulbuch doch den klaren Beweis geliefert, daß dem sieben bis achtjährigen Kinde nicht einmal die Komunalverhältnisse zur rechten Einsicht gebracht werden können und daß der Ausführung der Grafer'schen Idee in der Kinderschule durch die Natur ein unübersteigliches Hinderniß gesetzt ist. Gleiche Resultate werden alle philosophischen Systeme gewähren, wenn ihre Lösung auf dem beschränkten Gebiete der Kinderschule geschehen soll.

Wir hüten uns wohl, von dem schwachen Kinde in körperlicher Arbeit diejenige Stärke und Kraftäußerung zu verlangen, die wir dem Erwachsenen zutrauen. Die Unterlassung dießfälliger Rücksichten würden wir geradehin einem Mangel an Verstand und Gefühl zuschreiben. Hingegen in höherer Hinsicht, in Hinsicht auf Verstand und Gemüth, da wollen wir keine Entwickelung so recht unterscheiden. Da scheint es, als ob wir glaubten, die Blüthen und Früchte des Geistes und Herzens entfalten sich und reifen nicht allmälig, sondern da dürfe die Hand des Schulmeisters nur zugreifen und die reichen Früchte herausnehmen, wann es den Leuten etwa gefällig sei. Man hat es den frühern Lehrern der alten Sprachen als ein mechanisches Verfahren vorgeworfen, daß sie bei 9 bis 12jährigen Knaben hauptsächlich auf das Gedächtniß Rücksicht nahmen; aber diese Herrn waren nicht so weit von der Natur entfernt, als diejenigen, welche solche Knaben mit subtilen Definitionen herumplagen, oder wol gar im philosophischen Raisonement üben. Es ist möglich, daß man hie und da einen recht altkundigen Knaben zu Stande bringt; aber das Unnatürliche zeigt sich sogar schon im

Aeußern: der alte Kopf auf dem jungen Leibe gibt dem Knaben das widerliche Aussehen eines Zwergs.

Der berühmte Geschichtschreiber „Joh. v. Müller sagt: Was sich von der Natur entfernt, ist schwer, und was schwer ist, nimmt den Muth." Diese Worte lassen sich am treffendsten auf Kinder anwenden. Wir nehmen ihnen aber mit dem Muthe auch die Freudigkeit weg, die eigentliche Lebenslust der Kinderwelt. Ich will nur auf ein Paar Lehrfächer hinweisen, und dieß wird genügen, den Widerspruch des Unterrichtes mit der Kindesnatur auch im Speziellen zu zeigen. Was sollen z. B. unsere 7 bis 9jährigen Kinder in der Schule lesen? — Etwas Erheiterndes, Freundliches, die muntere Einbildungskraft der Kinder Anregendes, ihrer schwachen rezeptiven Sprachkraft Angemessenes, mit der kindlichen Unschuld Harmonirendes, damit die Lust am Lesen mit dem Lesen vereint sei. Geschieht dieses so? Wahrlich wir können das nicht behaupten; im Gegentheil, wir nöthigen die Kinder alsbald zu ernstern moralischen Erzählungen, die nicht selten so vorgetragen sind, wie man für Erwachsene schreibt. — Und was lassen wir die Kinder schreiben, etwa ihre kindlichen Gedanken und Wünsche? Ach nein! das wäre uns nicht ernst genug. Sie müssen häufig schreiben nach grammatischen Formen und Regeln, sie müssen schreiben lernen, was sie einst im bürgerlichen Leben schreiben sollen. — Und betrachten wir den wichtigsten der Lehrgegenstände, den Religionsunterricht; entspricht dieser dem unschuldigen, reingläubigen, kindlichen Gemüthe? Leiten wir sie darauf hin, frei aus dem Herzen ihre kindlichen Bitten und Wünsche dem himmlischen Vater vorzutragen? Ach nein! sie müssen häufig Gebete auswendig lernen, damit sie im höhern Alter Wortgebete hersagen können; sie müssen ein Glaubensbekenntniß auswendig lernen, damit sie dasselbe, wie mechanisch eingelernt, so einst mechanisch ablegen können; sie müssen Sprüche lernen für die künftige Lebenszeit; sie müssen Red' und Antwort geben über den Brudermord Kain's und Abimelech's; sie müssen mit den

Lastern alttestamentlicher Sünder bekannt werden, damit sie sich als Erwachsene daran erinnern: denn jetzt ist ja ihr Gemüth noch zu rein, als daß es solches nur für möglich hielte; sie müssen kirchliche Dogmen auswendig lernen, damit sie als Erwachsene einen Stützpunkt gegen den Zweifel haben, jetzt, da es ihnen noch gar nicht einfällt, daß man zweifeln könnte an irgend Etwas, was der gute Lehrer sagt und lehrt.

So ist es leider jetzt noch in vielen Schulen, und Jean Paul's herrliche Worte in seiner Levana wurden für Viele vergeblich geschrieben. Dürfen wir uns denn auch noch wundern, wenn ausgesprochen wird, daß „die Kinder so viel Gutes, was sie in den Schulen erlernt haben, vergessen, sobald und nachdem sie die Schule verlassen haben.*)" Ich bin weit entfernt, den Schulmännern, die mit ihren Bestrebungen nun einmal auf die Kinderschule angewiesen sind, hiemit Vorwürfe machen zu wollen. Eine große Anzahl dieser Männer hat sich bemüht, den Lehrstoff der Kindernatur anzupassen, und es ist wirklich manche Verbesserung erzielt worden; was aber durch die Natur unmöglich ist, nämlich: höhere Entwicklungsstufen mit einer niedern zu verschmelzen; das kann auch dem besten Willen und der größten Gewandtheit nimmer gelingen. Und welche Anerkennung man auch den Fortschritten im Schulwesen mit Freuden zollen will, so läßt sich doch nicht läugnen, daß die Hoffnungen, welche man auf die sogestaltete Volksschule gestellt hat, in einigen Richtungen sich nur theilweise, in andern gar nicht erfüllt haben.

Schon sind jetzt in deutschen Staaten einige Generationen, die durch die verbesserte Schule gegangen, ins thätige, bürgerliche Leben eingetreten, und die Gegner der Schule behaupten

---

*) Dieß ist ein Satz, welcher 1839 in Deutschland öffentlich, ja sogar als Motiv einer pädagogischen Preisfrage ausgesprochen, und allgemein als richtig hingenommen wurde.

mit einer Ernte, die Generationen ihre kunvorweg? zu der

Hand beßer, weiter mit gründer, u werden mehr... es zu?

den Voraussetzungen mit Berwerbungen der Schulbedürfer

mit Schulkrande hine erwarten mögen. Ich muß nach all?

meinen ... Beobachtungen mit Erfahrungen auf dem

Gebiete des Schulunterrichts mit der Erziehung im ... in-

... Behanvung, wenigstens theilweise, zu ..., ...

... ist es zur Ueberzeugung geworden, daß allgemein ...

digende Resultate so lange mehr erzielt werden, als die Ernte

auf die Jahre der Knaben beschränkt ist: denn, was bei einer

Unterricht erlernt wird, der gegen die Entwicklungsstufe der

Menschenwesens verfahren muß, geht meistens wieder verloren

sobald die regelmäßige Schulübung aufhört.

III. Abschnitt.

Nachweisung, daß bei der unvollständigen Organisation der Volksschule Vieles nur oberflächlich,
fehlerhaft und mangelhaft gelehrt und gelernt werden kann; weil die Schule mit speziellen Forderungen überladen wird.

Die Klage über allzuweite Ausdehnung des Lehrgebietes und
Ueberfüllung der Schule mit Unterrichtsfächern ist schon sehr
häufig als das größte Uebel der Schule öffentlich bezeichnet worden. Es ist wirklich wahr, daß die Stufe, welche man bis jetzt
als das Ganze der Volksschule betrachtete, in allen Hinsichten
und Richtungen mit Stoff begabt, mit methodischen und didakti-
schen Anleitungen überbauet, und überhaupt so ungemein reich-
lich versorgt, so mit aller Fülle wissenschaftlicher Gegenstände und
weiser Rathschläge überschüttet wurde, daß die Lehre der Kinderschule zu einer tiefen und breiten Wissenschaft angeschwollen ist,

die sich in einem unergründlichen Bürcherstrom zunächst über Deutschland ergossen hat.

Die Unbill der Ueberfüllung und Uebertreibung bleibt aber immer verzeihlich, ja sie war fast unausweichlich, weil man nun einmal die Leistung der ganzen Volksschule bloß auf die erste Stufe derselben, auf die Stufe der Kindheit beziehen mußte. Von allen Seiten drängte sich Verlangen nach nothwendigen Kenntnissen und nützlichen Fertigkeiten auf die Anstalt, von der man so viel Gutes und Nützliches verkündigt hatte. Um ihren Werth zu erhöhen, um ihre Wichtigkeit immer mehr ans Licht zu stellen, mußte die Schule trachten, jedes Verlangen zu befriedigen. Sie steigerte und vermehrte die Lehrgegenstände, bis die Lektionstabellen den Inbegriff aller Wissenschaften darstellten.

Was die Ueberschwenglichkeit zur vollsten Sättigung brachte, das waren die Lehrmittel. Diese wurden gewöhnlich von Schulmännern, die dem einen oder andern Fach besonders gewachsen oder zugethan waren, als besondere Fachschriften bearbeitet. Natürlich suchte so jeder dieser Schriftsteller sein Fachwerk möglichst gründlich, anschaulich und vollständig auszuarbeiten. Wie aber der arme Lehrer, der oft kaum Zeit hätte, e i n e n dieser Gegenstände vollständig durchzuführen, mit diesen Massen verschiedenartigen Stoffes fertig werden könnte, das ist jetzt noch ein ungelöstes Räthsel. Ein Glück für die Schüler, wenn er gerade die Hauptfächer zu seinen Lieblingsfächern gewählt hatte, denn so geschah doch das Nothwendigste; ein Unglück, wenn er an Nebenfächern die meiste Zeit verlor; ebenso, wenn er Alles in Allem leisten wollte, und dann in den Anfängen stecken blieb, oder in schädlicher Oberflächlichkeit forteilte. Um einen schlagenden Beweis zu geben, wie weit man sich hierin verirrt und verstiegen hat, lenke ich hier zunächst den Blick nur auf drei vielgerühmte Lehrmittel. Auf die Schulgrammatik von Wurst, das Rechenbuch von Heer und das Gesangstabellenwerk von Nägeli. Wollte man die nothwendigen Lektionen zur Durchführung dieser

Lehrmittel zusammenzählen, und mit der Stundenzahl der Kinderschule vergleichen, so ließe sich wohl arithmetisch darthun, daß man fast die ganze Unterrichtszeit einzig auf diese drei Lehrmittel zu verwenden hätte. Ich darf indeß nicht unterlassen, die Leser mit einer gedrängten Uebersicht der Lehrgegenstände, deren Behandlung von der Kinderschule gefordert wird, zu belästigen:

I. Sprachunterricht. Mündlicher Vortrag, Lesen, Schreiben, Grammatik.

Die Kinder sollten so weit geführt werden, daß sie in hochdeutscher Sprache richtig erzählen, im freien Katechisiren klar und bündig antworten, auch etwa Lieder deklamatorisch vortragen. Sie sollten lesen mit richtigem Verständniß, mit guter Betonung, kleine Aufsätze, dem Inhalte nach logisch geordnet, orthographisch und mit richtiger Interpunktion schreiben, sowol die Satzlehre als Wortlehre gründlich sich aneignen, und die Regeln wiederum in praktischen Uebungen anwenden.

II. Zahlenlehre. Richtige Auffassung der Zahlverhältnisse. Fertigkeit in den vier Rechnungsarten mit benannten und unbenannten Zahlen. Dreisatz und Lehre von den Brüchen. Sogenannte bürgerliche Rechnungsarten; Auflösung sowol mündlich als schriftlich.

III. Größenlehre. Elemente der Form und deren Erklärung und Nachbildung. Planimetrie. Ausmessung der einfachsten Körper.

IV. Realien. Vaterländische und allgemeine Geographie. Naturgeschichte und Naturlehre. Geschichte des Vaterlandes und der wichtigsten Völker. Hiezu kommen auch noch Forderungen aus der Technologie, Chronologie und Astronomie. Wenn man nun auch in diesen einzelnen Wissenschaften keine systematischen Leistungen fordert, so verlangt man doch aus einigen ziemlich Viel, aus andern immer Etwas.

V. Kunstfächer. Schönschreiben, Singen und wol auch Zeichnen. Im Singen Notenkenntniß; nach dieser die Fertigkeit, leichtere Melodien selbst vortragen zu lernen. Im Zeichnen: Um= risse von Gebäuden, Geräthschaften, Werkzeugen.

VI. Religion und Sittenlehre. Biblische Geschichte alten und neuen Testamentes, Katechismus, religiöse Sprüche und Lieder; Pflichtenlehre; das Wichtigste aus der Kirchenge= schichte.

Das wäre die Aufgabe, welche ein Dorfschullehrer oft mit mehr als achtzig Schülern in acht Jahren der Kindheit lösen sollte. Von dieser Zeit muß man jedoch in Abzug bringen:

Jedes Jahr etwa 60 Sonn= und Festtage, 52 halbe Ferien= tage während der Wochen, 40 Ferientage im Frühling, Som= mer und Herbst zusammen, — macht jährlich einen Abbruch von 126 Tagen, so daß uns noch 239 Schultage bleiben. Dies würde täglich zu 6 Stunden im Jahr 1434 Schulstunden geben. Es ist aber ferner in Abzug zu bringen, daß im Sommer in den meisten Dörfern die Schule wenigstens um die Hälfte der Zeit verkürzt wird. Also ein Viertel der Stunden weniger, blei= ben 1076. Die 76 Stunden werden wir wohl auf entschuldigte und unentschuldigte Absenzen beziehen dürfen; denn wenn ein Kind im ganzen Jahr 10 — 12 Tage ausbleibt, so wird man es nicht zu den unfleißigen zählen, es bleiben also gerade 1000 Schulstun= den. Gibt für die 8 Schuljahre 8000 Stunden. Immerhin eine bedeutende Zeit; aber dabei vergesse man nicht, daß ein Lehrer oft 80 und noch mehr Schüler gleichzeitig zu unterrichten hat, und die gleichzeitige zweckmäßige Klassenbeschäftigung aller dieser Schüler eine höchst schwierige Aufgabe ist, deren Lösung vielen Lehrern keineswegs in erwünschtem Grade gelingt. So ist es fast unausweichlich, daß besonders in den ersten Schuljahren dem ein= zelnen Kinde zusammen im Jahre viele Stunden verloren gehen, während welcher es in der Schule gegenwärtig war.

Alle diese Umstände richtig erwogen, kann uns kaum ein Zwei= fel übrig bleiben, daß für die anberaumte Zeit und die vorhan= dene Lehrkraft die Forderungen, wie sie sich in jenen Lehrgegen=

ständen darstellen, für Lehrer und Schüler eine drückende Last werden müssen. Am ungünstigsten wirkt noch dazu die Art der Beurtheilung, wobei gewöhnlich nicht sowol die intensive Bildung, als vielmehr eine Summe sogenannter und wenn auch nur scheinbarer Kenntnisse und der Grad äußerer praktischer Fertigkeiten, als Maßstab in Betracht kommen; der eigentliche Schulgewinn, der niemals verloren gehen könnte: Veredlung des Gemüthes und Bildung des Geistes, die eigentliche formale Seite des Unterrichts, erhält weniger Aufmerksamkeit. Weil aber gerade ohne diese Bildung die beigebrachten Kenntnisse und Fertigkeiten keinen festen Grund finden, in welchem sie Wurzel schlagen und kräftig forttreiben könnten, so geschieht es, daß sie als ein bloßes Aggregat theilweise und ganz sich ablösen, „sobald und nachdem die Kinder die Schule verlassen haben."

Zur Erschöpfung der Frage muß ich nun auch noch auf die Leistungen in den einzelnen Fächern eintreten; obschon es fast unausweichlich ist, daß ich hier mit bereits öffentlich ausgesprochenen Ansichten und Urtheilen zusammentreffe.

Wenden wir uns wiederum zuerst zum Sprachunterrichte, welchen ich stets als den ersten Lehrgegenstand betrachte; denn wenn auch unbestreitbar Religions- und Sittenlehre als der wichtigste, den obersten Zweck der Schule einschließende Lehrgegenstand angenommen werden muß, so bleibt die Sprache doch vorzugsweise der erste: weil sie zur sittlichen und religiösen Bildung das eigentliche Medium ist. Beim Sprachunterrichte selbst ist wiederum der mündliche Ausdruck die wichtigste Richtung. Rezeptive Sprachkraft, die richtig und schnell mündliche Mittheilungen in hochdeutschem Ausdrucke auffaßt, hat unter allen Lebensverhältnissen große Bedeutung; ebenso die Kunst, seine Gedanken klar und gewandt mündlich mitzutheilen. Daß sowol dem Verständnisse als dem Ausdrucke eine geübte Denkkraft erforderlich ist, und die dießfälligen Uebungen zugleich Denkübungen sein müssen, muß sich von selbst verstehen. Nun bestätigt

es aber die vielseitige Erfahrung, daß gerade die mündlichen Sprach=
übungen, die uns doch schon die Natur als das erste Bildungsmittel
empfiehlt, denn nur durch die naturgemäße Spracherlernung im
Leben mit Andern erheben wir uns ja auf die Stufe der Mensch=
lichkeit, keineswegs genugsam berücksichtiget werde. Der Drang,
recht bald lesen und schreiben zu lernen, treibt alsbald über die
natürliche mündliche Sprachübung hinaus, und es wird überse=
hen, daß der mündliche Sprachausdruck der eigentliche Grund
und Stoff des Lesens und Schreibens sei; es wird übersehen,
daß der mündliche Ausdruck hundertfältig mehr, als der schrift=
liche, im Leben in Anwendung und Uebung kommt, weit mehr
Nutzen und Annehmlichkeit verschafft, und der Gefahr vergessen
und verloren zu werden, gar nicht unterliegt.

Was das Lesen anbetrifft, so darf man wohl behaupten,
daß die meisten Schüler ausreichende äußere Fertigkeit darin er=
langen, hingegen bringen sehr selten die Kinder Lust und Liebe
zum Lesen aus der Schule mit. Viele betrachten es als eine
bloße Schularbeit, welche sie aufgeben, sobald sie nicht mehr in
der Schule sitzen. Die Ursache dieser ungünstigen Ansicht finden
wir theils in einer schleppenden mechanischen Methode, theils
aber und zwar in größrer Ausdehnung, in dem Lesestoff, der
meistens außerhalb des Bereiches der Kinderwelt liegt. So kommt
es denn, daß die Kinder in der Schule Lust und Liebe zum Le=
sen verlieren, und dasselbe unterlassen und vergessen, „sobald
und nachdem sie die Schule verlassen haben.“ Man
prüfe nur den Lesestoff für 7 — 10 jährige Kinder; wie wenig
entspricht er der heitern unschuldigen Kinderwelt! Mit lauter
moralischen Geschichten und Sprüchen verleiden wir ihnen die
Bücher und die Moral. Da scheint man es für Frivolität zu
halten, einen jugendlichen Scherz, eine Neugier erregende Er=
zählung in das Kinderbuch zu nehmen; alte, ernste, dem kind=
lichen Gemüthe durchaus fremde, ja häufig aus entfernten
Zeiten und Lebensverhältnissen entnommene Geschichten bil=

den den ersten Lesestoff. — Es ist wohl nicht zu viel behauptet, wenn man ausspricht, daß die meisten Schulkinder, wie man so sagt, ordentlich schreiben lernen, d. h. jedoch zunächst, sich eine leserliche oft sogar schöne Handschrift aneignen. Dann aber darf man auch wiederum behaupten, daß die wahre Bedeutung des Schreibens, das sichtbare Bezeichnen der eigenen Gedanken durch geschriebene Worte, vielen Schülern nicht recht klar wird. Das bloße Kopiren von Vorschriften ist noch viel zu sehr herrschende Uebung. Die Form des Buchstabens hat in vielen Augen fast mehr Werth, als der Inhalt des Satzes. So geschieht es auch hier, daß das Schreiben den Kindern als eine lästige Schulararbeit erscheint, und dieß hat wiederum die ungünstige Wirkung, daß nur Wenige im Schreiben eine angenehme, nützliche, geistige Uebung erblicken. Selbst die Leistungen im Schreiben als Schulfertigkeit sind in sehr vielen Schulen noch nicht ausreichend, und die Dorfschulen, in welchen die große Mehrzahl der Kinder logisch richtig und sprachlich korrekt auch nur leichtere Aufsätze in eigenen Gedanken abzufassen vermag, sind immer noch ziemlich selten. Es fehlt also hier noch an der Erreichung jenes Grades von Fertigkeit, durch welche allererst die Erhaltung der Schreibkunst bedingt wird, und aus welcher allein Trieb und Freude zur freiwilligen Fortübung entspringen kann. Ueber den Unterricht in der Grammatik sind die Schulmänner noch verschiedener Ansicht. Einige wollen denselben ganz aus der Kinderschule verweisen, andere hingegen stellen denselben als höchst wichtig und bedeutsam hervor. Es ist kein Lehrgegenstand so vielfach erörtert und bearbeitet worden, als gerade die Schulgrammatik. Von den dürren Gerippen der Deklinations= und Konjugationsformen ist man allmälig bis zur Bearbeitung und Einführung von Becker's philosophischer Sprachtheorie fortgeschritten. Die grammatischen Leistungen jedoch sind in den meisten Schulen höchst unzureichend; und sie werden es auch bleiben, so lange wir noch so viele Lehrer haben, welchen eine gründliche Sprachbildung selbst abgeht

ober überhaupt das Lehrtalent, das für die bildende Betreibung
einer Schulgrammatik erforderlich ist. Die Frage, warum das
aus der Grammatik Erlernte meistens ohne Wirkung bleibt und
schnell ganz wieder verloren geht, läßt sich mit wenigen Worten
vollständig beantworten, nämlich: Weil häufig nur eine me-
chanische Anlernung unverstandener Formen Statt
findet. Bei solcher Leistung hat man dann freilich ganz recht,
den grammatischen Unterricht aus der Kinderschule zu verweisen;
anders jedoch gestaltet sich die Sache, wenn ein tüchtiger Lehrer
nach einer bildenden Methode eine gute Schulgrammatik behandelt: dann hat dieser Unterricht in formaler und realer Bedeutung sehr großen Werth; denn das Kind gewinnt in hohem Grade
an Verstandesbildung, an Sprachkenntniß und richtiger Sprach-
fertigkeit, und das sind geistige Erwerbnisse, bleibende, die durchs
ganze Leben hindurch wirken. Wenn also von einer wahrhaft
guten Volksschule, von einer ausreichenden Sprachbildung die
Rede ist, so kann der grammatische Unterricht in der Muttersprache
nicht ausgeschlossen sein.

Die Klage über den Verlust des Erlernten ist bei keinem
Fache so allgemein, wie beim Rechnen. Hier sind insbesondere
zwei Ursachen. Viele Lehrer folgen noch jenen Lehrbüchern,
welche nach der Pestalozzischen Methode auf unendlichen, vielfach
gewundenen Wegen in den Elementarien herumtreiben und dem
Unterrichte in den Zahlenverhältnissen hauptsächlich formale Verstandesbildung als Zweck setzen. Vom eigentlichen Rechnen haben
dann ihre Schüler nicht viel zu vergessen, weil sie nur sehr wenig
erlernt haben. Andere Lehrer, und ihre Zahl ist auch nicht gering, fehlen darin, daß sie allzu eilfertig zu schwierigen arithmetischen Aufgaben aufsteigen. Sie bringen es dann dahin, daß sie
ihre Schüler unter beständiger Uebung nach bestimmten Formeln
zwar wohl schwierige Aufgaben lösen lernen; weil dies aber ohne
die nöthige Einsicht geschieht, und die praktische Anwendung solcher
Rechnungen bei den wenigsten Schülern später eintritt, so braucht

es nur einige Monate ohne die gewöhnliche Schulübung und die ganze hohe Rechenkunst ist verloren. Es haben jetzt Einige sogar angefangen, mit algebraischen Formeln in der Kinderschule sich abzugeben. Daß dieses im Allgemeinen keine Bedeutung habe, wird ohne weitere Erörterung einleuchten.

Da ich dieser Abtheilung meiner Abhandlung vorzugsweise zur Aufgabe mir gesetzt, nur das zu berühren, was fehlerhaft und mangelhaft ist, und die Ursachen der Fehler und Mängel anzudeuten, so muß ich auch, wie bei andern Fächern, so beim Rechnungsunterrricht, auf spätere Abschnitte verweisen, in welchen dann versucht werden soll, das Rechte und Zweckmäßige für jedes Fach darzustellen.

Die geometrische Formen und Größenlehre, obgleich sie in sehr vielen Schriften für die Kinderschule bearbeitet ist, wird doch nur in wenigen Kreisen zu irgend einer Bedeutung getrieben. Es wäre also wohl ein eitles Unterfangen, bei vielen Schülern die Ursachen eines Verlustes zu untersuchen, nämlich von Etwas, in dessen Besitz die Kinder nicht kommen.

Die Leistung der Kinderschule in Bezug auf realistische Kenntnisse ist ziemlich unbedeutend. Es wird aus der Geographie und aus der Naturgeschichte und Naturlehre und Geschichte meistens eine Summe von Namen eingeübt, die wie Spreu im Winde verfliegen, sobald die Repetition aufhört. Es ist bei diesen Lehrfächern noch der nachtheilige Umstand, daß sie fast ausschließlich nur etwa auf die Bildung einer niedern Seelenkraft, des Gedächtnisses, Einfluß üben.

Ich möchte nicht, wie schon Mancher gethan hat, über den Realunterricht in der Kinderschule spotten. Er ist nun einmal ein trauriger Nothbehelf, so lange die Volksschule nur in der Kinderzeit wirken kann, so lange man bei den meisten Kindern des Volkes mit aller Wahrheit voraussetzen muß: was sie in der Schule nicht lernen, das lernen sie nicht mehr. Die Absicht, der tiefsten Unwissenheit im realistischen Gebiete vorzubeugen,

die Kinder vor Spott, Aberglauben, Furcht und Verblendung zu
schützen, ist gewiß eine sehr edle. Es ist nur in hohem Grade
zu bedauern, daß der gute Zweck in solcher Zeit und mit solchen
Mitteln nicht erreicht werden kann. Am wenigsten wird er da
erreicht, wo man recht Vieles einüben will, wo man wissen=
schaftlich systematisch verfährt; da geräth man in ein unsin=
niges Treiben hinein, das so lächerlich wird, daß der Spott
kaum ausbleiben kann; da verliert man unter Gedächtnißspielerei
die köstliche Zeit, in der doch wenigstens das Allernothwendigste
hätte geleistet werden mögen. Doch wie auch der realistische
Unterricht in der Kinderschule ertheilt werde, feste Anhaltspunkte,
fortwirkenden Gewinn wird er selten bringen: denn die Lebens=
stufe ist nicht geeignet, die Dinge in ihrem wahren Verhältnisse,
in ihrer tiefern Bedeutung aufzufassen.

Dazu eignet sich das mittlere Jugendalter weit besser, und
ich habe aus eigener Erfahrung den Beweis, daß in nicht gar
vielen Stunden freier Unterhaltung und Besprechung ein wißbe=
gieriger Jüngling mehr wahrhafte Einsicht in das realistische Ge=
biet erlangt hat, als mancher fähige Knabe, den man jahrelang
in der Schule damit beschäftigte. Immer aber bleibt der Satz,
daß in der Volksschule, auch in der vollständigen, der realistische
Unterricht in einzelnen, besonders anregenden, das Wichtigste und
Nothwendigste enthaltenden Mittheilungen, niemals aber in syste=
matischer Wissenschaft bestehen dürfe.

Es hat sich, so sonderbar es klingt — der Streit des Hu=
manismus und des Realismus deminutiv in der Kinderschule
abgespiegelt. Die allgemeine Menschenbildung, in soweit sie mög=
lich ist, als die humanistische Bildung auf dieser Stufe, wird nur
durch tüchtigen Sprachunterricht (versteht sich hier in der Mutter=
sprache) erzielt werden. Nun kam aber der Realismus und
forderte eine solche Summe realistischen Wissens, daß statt bil=
denber Sprachübung viele Zeit auf allerlei realistische Gedächt=
nißübung verwandt werden sollte. Das war eine arge Verir=

rung; denn das Meiste, was hier erworben wurde, ging verloren, „sobald und nachdem die Kinder die Schule verlassen haben." Der größere Verlust aber war der, daß die allgemeine Menschenbildung ebenfalls nicht ausreichend gefördert werden konnte; indem durch jenes realistische Treiben ein bildender Sprach= unterricht verdrängt worden war.

Man hat in den beffern Kinderschulen auch von einer „Kunst= bildung" sprechen hören, und dabei galt es besonders Schönschrei= ben, Zeichnen, Singen. Im ersten Fache wurde in manchen Schulen recht Ordentliches geleistet; indessen konnte dabei von einer Kunstbildung keine Rede sein, weil auch die schönste unserer deutschen Schrift keine ästhetische Anforderung erfüllt. Diese Komposition von eckigen und halbrunden, langen und kurzen Formen, ohne mathematische Gesetze, diese Zusammenstellung nach phonetischen und logischen Bestimmungen, keineswegs nach ästhetischen Formerverhältnissen, kann niemals den Forderungen des Schönen entsprechen, und je mehr Kunst in die Sache gelegt werden will, desto mehr bizarre Künstelei tritt hervor (vergl. Heinrichs Unservater.) Das Zeichnen ist fast in allen Schulen, wo es getrieben wird, bloße Tändelei. Es ist möglich, daß hie und da ein Talent geweckt und entdeckt werde, daß ein aufmerk= samer Lehrer den Beobachtungs= und Ordnungssinn bei diesen Zeichnungsübungen befördere, aber von eigentlicher Kunstbildung kann hier kaum die Rede sein. Bei der Mehrzahl von Schülern tritt ein Umstand ein, der noch besonders dazu mitwirkt, daß das Schönschreiben und allfällig auch das Zeichnen einige Jahre nach dem Austritt beinahe verloren gehen muß. Behält man den eigentlichen Kreis der Kinder in den Landschulen vor Augen, so findet sich, wie die meisten später ein Geschäft ergreifen müssen: Ackerbau, gröbere Handwerke u. s. f., die eine solche derbe Ein= wirkung auf Hand und Finger üben, daß die etwa erlernten Kunstfertigkeiten im Zeichnen und Kalligraphie nicht mehr aus= führbar bleiben. Dem Schönschreiben wurde an manchen Orten

nur zu viel Zeit gewidmet, so daß dasselbe den ganzen Schreibunterricht auszumachen schien, und der schriftliche Gedankenaus-
druck wenig oder gar nicht in Rücksicht kam.

Eine höhere Bedeutung für das veredelte Volksleben, für
die häusliche und kirchliche Erbauung, sowie für die gesellige Erheiterung, hat die Gesangbildung. Es ist wohl kein Fach, dessen
Erfolge auch im weitern Lebensalter so gesichert sind, als Gesang.
Hier kommt es also einzig darauf an, daß etwas Tüchtiges geleistet werde; die spätere Fortwirkung ist außer allem Zweifel.

Gerade in Betracht der höhern Bedeutung des Gesanges
und der sicher bildenden Erfolge möchte ich dringlich empfehlen,
daß für Gesangbildung weit mehr gethan werde, als es
bis jetzt der Fall war. Die Kinder sollten in der Schule so
weit gebracht werden, daß sie einfache Melodien nach Noten durch
sich selbst singen lernen könnten; überdieß aber sollten sie eine
bedeutende Anzahl schöner und erbaulicher Lieder und Kirchenge-
sänge auswendig gut singen lernen. — Ich muß hier auf eine
Verirrung aufmerksam machen, zu der die in ihren Prinzipien
vortreffliche, in ihrer Ausführung aber über die Maßen ausge-
dehnte Nägelische Methode Veranlassung gegeben hat. Die Kinder
lernten dabei die Elementarübungen in den drei Richtungen:
Rhythmik, Melodik und Dynamik; aber sie lernten an manchen
Orten nicht singen — und das ist eben der größte aller Fehler.
Besser — als eine Elementarübung, über die man nicht hinaus-
kommt, ist noch das bloße Erlernen zweistimmiger Lieder nach
dem Gehöre; die Kinder lernen doch singen, und das mit Lust
und Freude. Ein anderer Mißgriff, der nur zu häufig verbreitet
ist, besteht darin, daß man die Kinder bloß Choräle singen lehrt.
Der massenhaft vorgetragene vierstimmige Choral hat etwas Er-
habenes, religiös Ergreifendes; aber unbestreitbar ist doch, daß
dem Choral die wesentlichsten Elemente des Gesanges, Rhythmus,
Melodie und die dynamische Modifikation, wenn nicht ganz,
doch größtentheils mangeln. — Der Choral ist am wenigsten

geeignet für schwache, bewegliche Kinderstimmen, ebensowenig, um
Lust und Liebe zum Gesang zu erwecken: ein einstimmiger oder
auch zweistimmiger Choral von Kindern ist eine höchst peinliche
Entstellung des Gesanges.

Daß es möglich sei, die Kinder bis zum freien Singen der
Noten zu leichten Melodien zu bringen, das ist vielfach durch
Erfahrung bestätigt. Es fehlt da, wo dieses Ziel nicht erreicht
wird, jedesmal an dem Willen und der Geschicklichkeit des Lehrers. Vermeide man nur das weitauslaufende Elementarisiren,
sowie eitle Künsteleien; gehe man bald zu einfachen Melodiesätzen
über, singe man häufig figurirte, bewegliche, muntere Lieder, und
die Sache wird vom besten Erfolge gekrönt werden. Wo aber
der Widerwillen gegen das Notenlernen noch nicht überwunden werden kann, da übe man nur recht viele melodische, zweistimmige
Lieder für Schule, Kirche und geselliges Leben dem Gehör nach
ein. Was auf die eine oder andere Weise erlernt wird, das geht
nimmer verloren.

Zum Segen und Glück des Volkes werden die Lieder fort-
klingen auch außerhalb der Schulwände. Das Singenlernen
nach Noten hat freilich den großen Vortheil für sich, daß die Möglichkeit der Einübung neuer Lieder durch den Schüler selbst auch
nach seinem Austritte aus der Schule gegeben ist, und das ist
eben das rechte Mittel zur Fortbildung. — Ein wohlgeübtes
Gehör bietet aber auch noch einen Vortheil, nämlich die Leichtigkeit, einmal gehörte neue Melodien schnell nachsingen zu können.
Die Tonbezeichnung durch Ziffern ist im Verhältniß zur Noten-
bezeichnung keine Erleichterung. Die Tonverhältnisse stellen sich
in der Notenleiter viel anschaulicher und einfacher dar, als in
Ziffern, und wo also zur Tonbezeichnung fortgeschritten werden
kann, da ist sicherlich die Notirung weit zweckmäßiger. Ich habe
mich über dieses Fach und das, was geschehen soll, schon jetzt
etwas einläßlicher ausgesprochen, weil hier namentlich die Ursache,
daß der Gesangunterricht nicht mehr Freude und Segen über

die Schule hinaus verbreitet, darin liegt, weil in der Regel die Schule nicht genug thut, und nicht das Rechte findet.

Wir kommen nun zur wichtigsten Seite der Bildungsbestrebungen, zur religiös=moralischen, und da sage ich es mit Schmerz und Bedauern, daß die bestehende Volksschule fast mehr Tadel als Lob, mehr Klage als Beifall sich erworben hat. Man will in der durch die sogenannte neue Volksschule gebildeten jungen Generation eine Lauigkeit in kirchlichen Dingen, eine verminderte Ehrfurcht für das Religiöse, und sogar eine leichtfertige Zweifelsucht vorherrschend finden. Sollten diese Klagen gegründet sein, und ganz leer sind sie gewiß nicht, so müßte allerdings zunächst untersucht werden, ob nicht die Erscheinung als eine Wirkung des Zeitgeistes überhaupt angesehen, oder aus Mängeln und Fehlern in den kirchlichen Einrichtungen hergeleitet werden müsse. Es ist mir nicht entgangen, daß ich bei der Betrachtung dieser wichtigsten Seite der Menschenbildung gerade auf einen Punkt gekommen bin, aus dem sich vielleicht schon als Erfahrungssache die stärksten Einwürfe gegen meine voraussetzlichen Resultate einer allgemeinen Volksschule entwickeln ließen: da nämlich gerade der religiös=moralische Unterricht, von der Kirche aufgenommen, durch alle Stadien des Lebens fortgeführt ward, so sollten sich hier alle jene wichtigen Ergebnisse bereits geoffenbaret haben, welche ich bei der konstruirten allgemeinen Volksschule in Aussicht stelle.

Der Einwurf ist gewichtig; aber es läßt sich leicht nachweisen, daß hier das vielgerügte ungünstige Resultat sich nicht sowol aus der Sache selbst, als aus der unorganischen, allen pädagogischen Prinzipien schnurstracks entgegenlaufenden Art des Unterrichtes, des Bildungsganges und der Bildungsmittel herfließt. Man hat allerdings einen Religionsunterricht in der Kinderschule, in der sogenannten Christenlehre für die ersten Jahre der mittleren Jugend, und endlich für die christliche Gemeinde in der sonntäglichen Predigt; aber man betrachte nur, ob irgend auch eine psychologische Rücksicht, ein bildender Stufengang sich vorfinde. Man prüfe die Spruchbücher, Liederbücher, Katechismen, die Auszüge aus der Bibel oder diese selbst, man gebe Acht, wie dieser Stoff, ohne Unterscheidung des Leichtern und Schwerern, der Entwicke= lungsstufen des Gemüths und des Verstandes, meistens durch= und nebeneinander behandelt und angewandt wird. Man vergleiche die gewöhnlichen Kinderlehren mit dem, was für die mittlere Jugend anregend und angemessen wäre; man höre die Predigten, wie sie nicht selten sind: und dann wird man die Ursachen mit den geringen Wirkungen des Religionsunterrichtes bald in Uebereinstimmung finden. Das Kind muß nicht nur die ihm unverständliche Christen= lehre, es muß auch die Predigt für die Erwachsenen mit anhören. Aller Stoff wird so unter= und übereinander gerüttelt, aller Stufengang zerstört und unterbrochen. Auf allen Lebensstufen bleibt stets nur eine rezeptive Anregung. Die Worte werden eingelernt, die Erklärungen in fortdauernder Passivität zugelassen; nirgend eine Wechselwirkung, eine Aufregung und Anregung nach dem eigenen Bedürfnisse. Der Religionsunterricht wird so oft unfruchtbar, nicht sowol durch Vergessen, als durch Verleiden. Ein geistreicher Pädagog behauptet, indem man so viel Religion lehre, verbreite man gleichsam die Ansicht, daß die Religions= bildung im Wissen sich äußere und keineswegs in religiöser Gesin= nung und frommer Erbauung. Wie viele Kinderthränen hat nicht schon der Unterricht in der Religion der Liebe hervorgepreßt! Warum sollten die Kleinen nicht gerne der Vergessenheit über= geben, was mit so bittern Erinnerungen verknüpft ist. Stoff und Methode sind Schuld, wenn von dem, was in der Religions= und Sittenlehre in der Schule gelernt, das Meiste verloren geht, „sobald und nachdem die Kinder die Schule verlassen haben.“ Würde man, anstatt auf oft peinliche Gedächtnißübung zu bringen, die Herzensbildung wahrhaft durch Religions= und Sittenlehre fördern, so müßte die Klage über den Verlust ver= stummen. Aber leider sind der Worte zu viel, der gemüthlichen Einwirkungen zu wenig.

Hinweg mit dem drohenden Ernst um äußeres Lippenwerk; Religionsstunden seien nicht Stunden banger Furcht um mehr oder weniger Worte! Sie seien Stunden der Beseligung, wie sie aus dem heiligen Geiste der christlichen Lehre zu den Herzen der Kinder strömen kann, wenn dieser Geist über der Schule schwebt. Die Religionsbildung soll auch schon in der Schule nicht bloß in der Lehre, sondern in ihrer praktischen Einwirkung, in der Erbauung erstrebt werden. Kindliches Gebet, frei aus dem Herzen gesprochen, und frommer Gesang seien ebenso bedeutsam geachtet, als das Wort. Der Religionslehrer spreche und wirke, wie der göttliche Kinderfreund es gethan, der die Kinder segnete, und sie nicht mit Aussagen von oft unerklärten Dogmen beschwerte. Segnen kann der Religionslehrer, wenn sein Blick, seine Rede mild, wie des Himmels Thau die Frühlingsblumen, die geöffneten Herzen der Kinder tränkt, und so der Vorgeschmack himmlischer Glückseligkeit ihr ganzes Wesen erhebt, und dazu, wahrlich, braucht es nicht viel Wissen. — Was die Kinder in solchen Stunden der Weihe gewonnen, das bleibt und treibt Früchte für die Ewigkeit. Aber leider, diese Gestaltung hat der religiöse Unterricht noch nicht überall erhalten. An vielen Orten herrscht ein trauriges, gedankenloses Gedächtnißwerk; die Schüler sind gedrückt und gespannt, um nur keines der vielen Worte zu verfehlen; an andern, wo man von einer sogenannten sokratischen Methode spricht, da wird der Verstand viel zu einseitig in Anspruch genommen, das Gemüthliche, Erbauliche, Erhebende aber verabsäumt. Die Schuld, wenn der Religionsunterricht nicht nachwirkt, liegt offenbar vorherrschend am Lehrer und Lehrstoff. Die ungünstige Gegenwirkung schlechter Eltern kann allerdings viel zum Verderbniß beitragen, ebenso das Betragen anderer Erwachsener; doch wird dieß immer mehr da der Fall sein, wo der Religionsunterricht nur eine Worthülle um die Kinder gezogen. Wo hingegen ihr Herz wahrhaft der Religiosität und der damit nothwendig verbundenen Moralität zugewandt worden ist, da werden auch schlechte Beispiele nicht leicht verderblich. Das veredelte Gemüth wird nur mit desto größerm Widerwillen gegen das Böse und Gemeine erfüllt werden, und jene Beispiele selbst wirken oft noch zur Erstarkung des Guten.

Also nochmal: Weniger Worte, weniger Gedächtnißforderung, aber mehr Einwirkung auf das Herz, mehr Förderung der frommen Ergebung, der Freudigkeit an Gott und göttlichen Dingen! Und bei keinem Unterrichte werden wir weniger über „Vergessen" zu klagen haben, als gerade beim religiös=moralischen.

IV. Abschnitt.

Nachweisung, daß, weil nach den Kinderjahren eine geordnete Fortübung und Weiterbildung nicht Statt findet, alsbald Stillstand, darauf Rückgang und schnell der theilweise Verlust des Erlernten eintritt.

Die in der Aufschrift dieses Abschnitts bezeichnete Ursache ist unter allen bisher angeführten weitaus die wirksamste, und die vorgelegte Frage könnte schon durch die Erörterung dieser einzigen Ursache ziemlich erschöpfend beantwortet werden. Ich lenke die Aufmerksamkeit zunächst wieder auf die eigentlichen Zöglinge der Elementarschule, auf diejenigen Schüler, deren ganzer Unterricht auf die Primarschule beschränkt ist, und die immerfort weitaus die große Mehrzahl eines Volkes ausmachen. Es tritt bei diesen aber nicht nur der Umstand ein, daß kein weiterer Unterricht Statt findet, sondern überdieß ein noch weit ungünstigerer, näm= lich der: daß ihre Lebensverhältnisse ziemlich selten eine praktische Anwendung der erlernten Kenntnisse und Fertigkeiten fordern, und sogar, daß ihnen Anreizung und Mittel zur freiwilligen Uebung des Erlernten und dadurch zur Fortbildung größtentheils mangeln.

Ich habe Gelegenheit gehabt, das Familienleben großer deut= scher Bauerndörfer genau kennen zu lernen, und habe mit Absicht

und Sorgfalt meine Beobachtungen über das Kulturleben in diesen
Orten angestellt. Zehn bis zwanzig Häuser konnte ich besuchen,
ich fand keine andern Bücher, als diejenigen, welche bereits in
der Schule durchgelernt und durchgelesen worden waren, und
meistens lagen auch diese mit Staub bedeckt. Wohl bemerkte ich
da und dort einen Greis und eine Matrone, die mit Andacht und
Erbauung in den Büchern ihrer Kindheit lasen. Ganz überein-
stimmend mit dem irdisch-psychologischen Lebensgang, der das
höhere Alter gleichsam wieder mit der Stufe der Kindheit in
Einklang bringt. Hingegen ist es Thatsache, daß die zur mittlern
Jugend Gehörigen mit einer Art Unlust die vielgebrauchten Bücher
bei Seite lassen, daß sogar die Genossen des kräftigen bürgerlichen
Alters nur etwa in besondern Fällen diese Bücher aufschlagen.
Wo vorzüglicher Bildungstrieb sich äußert, führt oft die Leselust
Jugend und Alter auf Irrwege, und das Mittel, welches die
Schule durch Lesefertigkeit zur weitern Ausbildung des Geistes,
zur Veredlung des Herzens gegeben, führt gerade zu den entge-
gengesetzten Folgen. Da findet man in den Händen der Regsamen
schlechte Marktbücher, die pöbelhaften Ton, schlimme Streiche,
oder gaunerhafte Verschlagenheit, so zu sagen, empfehlen; oder
elende Romane, voll schlüpfriger Liebesgeschichten, oder pietistische
Traktätlein, die nicht selten zur Trägheit, Unduldsamkeit und sogar
mitunter zu schwärmerischem Wahnsinn führen; auch ungeeignete
Zeitschriften, die eine verderbte Liebhaberei zum Pikanten wecken,
oder politische Streitsucht anregen. Wie sehr auch die sogenannte
Heller- und Pfennigliteratur sich hie und da ausgebreitet haben
mag, so bleibt es doch Thatsache, daß auch diese mehr in den
untern Kreisen sogenannter Gebildeter ihre Leser findet, und daß
es noch viele, viele Bauerndörfer gibt, in welchen außer dem
Pfarrer, dem Schulmeister und etwa einigen Ortsvorstehern
Niemand eine Zeitschrift liest, und selbst die Wirthshauspolitik
Sonntag Abends nur auf einen kleinen Kreis der vornehmsten
Gäste und besten Köpfe sich beschränkt. Unter solchen Verhältnissen

dürfen wir wohl mit Recht fragen: Welchen Nutzen behält auch
der Schüler für die vielen hundert Stunden, welche er in der
Schule mit Lesenlernen verbraucht hat. Allerdings, die formale
Einwirkung auf die Geisteskräfte ist ein wesentlicher Gewinn, der
aber auch nur da errungen worden ist, wo die Methode des Lesen=
lernens geistesbildend war. — Es mag auch von dem Einiges
haften, was als Inhalt der Schulbücher erklärt und aufgefaßt
wurde; aber unbestreitbar wird man es doch für einen wesentlichen
Theil des Zweckes annehmen müssen, daß durch Erlernung des
Lesens ein Bildungsmittel fürs ganze Leben hindurch gegeben sei.
Dieser theilweise Zweck wird bei den meisten Schülern nicht
erreicht, und sehr viele, denen es nach dem Austritt aus der
Schule an Lesestoff fehlt, hören auf zu lesen und verlieren in
kurzer Zeit sogar diejenige Lesefertigkeit, durch welche für immer
auch die Leselust bedingt ist.

In Bezug auf die Schreibkunst tritt der Verlust noch viel
häufiger und viel schneller ein, als bei dem Lesen. Um so mehr,
da bis jetzt in vielen Schulen nur wenig Anweisung gegeben
worden ist, das Schreiben als eine angenehme freiwillige Beschäf=
tigung den austretenden Schülern zu belieben.

Der reisende junge Handwerker hat etwa Veranlassung, einen
Brief an seine Familie zu schreiben, so auch etwa der Soldat
aus seiner Garnisonsstadt; aber was haben die tausend und tau=
send Bauernbursche, die im Heimatsorte wohnen, zu schreiben?
Der Geliebten etwa bringen sie den Gruß eher im lebendigen
Wort, als im verschlossenen Papier. Alle diese Tausende hören
fast auf zu schreiben, „sobald und nachdem sie die Schule
verlassen haben." Ihre ganze Schreibkunst beschränkt sich
etwa darauf, in seltenen Zeitpunkten ihre Namensunterschrift zu
geben. Den Handwerkern ist die Ausstellung von Jahreskonten
allerdings schon von größerer Bedeutsamkeit. Das aber, was
der Schreibkunst erst ihren bildenden Werth geben würde, das
Aufzeichnen der eigenen Gedanken und Erfahrungen, das Schicksal

der Familie und der Gemeinde und etwa der merkwürdigſten Vorgänge im Vaterlande, gleichſam die Abfaſſung einer Lebens⸗chronik; das findet man nur in höchſt. ſeltener Ausnahme, und doch wäre es gerade dieß, was dem Einzelnen in freien Stunden einen recht freudigen Genuß aus ſeiner Schreibkunſt verſchaffen könnte. Hierin hat der Schulunterricht bis jetzt die zweckmäßige Hinleitung verabſäumt, und ſo kommt es, daß ſelbſt ſolche Schüler, die wirklich ſchreiben gelernt haben, die edle Schreibkunſt wieder zu vergeſſen anfangen, „ſobald und nachdem die Schüler die Schule verlaſſen haben.“

Wie das Vergeſſen des Schreibens noch häufiger iſt, als das des Leſens, ſo tritt das Vergeſſen der Rechenkunſt oder wenig⸗ſtens der Schulrechenkunſt noch ſchneller ein, als das des Schrei⸗bens. Die Urſachen liegen hier klar am Tage. Der untergeordnete Dienſtbote, der Bauernknecht, der Lehrjunge, der Geſelle, ſie alle haben mit ſeltenen Ausnahmen keine Rechnung zu führen, am allerwenigſten in ſolchen verwickelten Aufgaben, wie ſie häufig in der Schule zu löſen haben. Das Aufſchreiben und Zuſam⸗menzählen einzelner Poſten macht bei Vielen den ganzen Umfang des ſchriftlichen Rechnens aus; ſonſt hilft man ſich mit Kopfrechnen, und dies meiſtens auf ganz anderm Wege, als dem ſchulgerechten.

Wer wird ſich unter ſolchen Umſtänden auch noch wundern, wenn die Kunſt, verwickelte und ſchwierige arithmetiſche Aufgaben zu löſen, verloren geht, „ſobald und nachdem die Kinder die Schule verlaſſen haben.“ Etwas hat auch hierin die Schule bis jetzt verabſäumt, nämlich: darauf hinzuwirken, daß die austretenden Schüler Neigung und Fertigkeit haben, in Form einfacher Buchhaltung ihre Einnahmen und Ausgaben ordentlich, genau und ſorgfältig zu notiren.

Beziehen. wir die Frage auf die Realien, ſo hat ſie auch hier ihre volle Bedeutung, und die in ihrer Behauptung liegende Wahrheit rechtfertigt ſich als ſolche wiederum ſehr häufig; am meiſten da, wo der Realunterricht ohne die nöthige Veranſchau⸗

lichung: Landkarten, Sammlungen, Bilder u. s. w. ertheilt wird, also bloßes Gedächtnißwerk ist, und ferner da, wo ein fortbildender Lesestoff mangelt. Wenn jedoch der realistische Unterricht gut ertheilt worden ist, so bleibt der in der Seele haftende Inhalt eher und wirksamer, als äußere Schulfertigkeiten, und hier zeigt allerdings der gute Realunterricht eine vortheilhafte Seite: eine allzu beschränkte Beurtheilung politischer, industrieller und ökonomischer Zustände, ebenso abergläubische Furcht, Mißkennung der Naturkräfte bleiben für immer beseitigt, und das ist kein unbedeutender Gewinn.

Von den sogenannten Kunstfächern ist das Singen dasjenige, welches, wenn es in der Schule gut erlernt worden ist, am wenigsten mit dem Austritt aus der Schule vergessen wird. Gesang wird Aeußerung der Andacht, der gemeinsamen Erbauung, der heitern Seelenstimmung und der geselligen Freude. Auch hier finde ich wieder eine Bestätigung der bereits ausgesprochenen Ansicht, daß man die Gesangbildung als ein hochwichtiges Fach mehr und mehr beachten sollte. Wenn jedoch auch hie und da Singfertigkeit und Sangeslust sich mindert nach dem Schulaustritte, so liegt dies hauptsächlich an der Vernachläßigung des Kirchengesanges, an der Rohheit des Familienlebens und den übeln Sitten und Gebräuchen und Vergnügungsarten in untern geselligen Kreisen.

Daß schon die Art der Handarbeiten bei den meisten Schülern dem eigentlichen Schönschreiben und etwaigen Zeichnen Eintrag thue, ist bereits bemerkt. Indessen haben diese Fertigkeiten doch keine gar große fortbildende Bedeutung.

Und nun abermals zum Schluß über die wichtigsten Ergebnisse der Schulen, über den religiösen und moralischen Unterricht. Wenn dieser Unterricht zweckmäßig geführt worden ist, wenn er wirklich erzielt hat, was er erzielen soll, nämlich: die Veredlung der Gesinnung, die Reinigung und Stärkung des Herzens, innige Gottes- und Menschenliebe, lebendigen Trieb zum Guten, Edeln und Wahren: dann kann nicht wohl von einem Vergessen, sondern nur von einem Verwildern die Rede sein. Dieses sollte aber um so weniger eintreten, da der Zögling der Schule nunmehr von der Kirche aufgenommen und von ihr durchs ganze Leben hindurch Anregung, Ernährung und Erziehung für seine irdische und ewige Bestimmung erhalten soll. Wir dürfen darum die Behauptung nicht unterdrücken, daß, in sofern die Schule das Ihrige wirklich geleistet hat, die Verwilderung ihres Zöglings nach seinem Austritte und seinem Uebertritte in den kirchlichen Unterricht, im Allgemeinen der Kirche zur Schuld angerechnet werden muß. Sei es nun aus Versäumniß oder wegen der Anwendung ungeeigneter Mittel. Ich glaube, den Vorwurf einer ungünstigen Gesinnung nicht zu verdienen, wenn ich behaupte, daß in den beiden soeben angedeuteten Richtungen sehr oft gefehlt wird, und erlaube mir nur die bescheidene Frage: Wie kommt es, daß man nicht schon längst zu der Einsicht und Ueberzeugung gelangen mußte, daß insbesondere beim protestantischen Gottesdienste Einrichtungen getroffen werden müssen, um einen Gottesdienst nach dem Bedürfnisse der Kinder, einen andern nach dem Bedürfnisse der mittlern Jugend, und endlich nach dem des selbständigen Alters zu erzielen? Man wird mir antworten, daß ich bereits Bestehendes übersehe, und auf die sogenannte Kinderlehre mich hinweisen; aber ich bin eben der Ansicht, daß ein Fragen und Antworten über kirchliche Dogmen kein Gottesdienst sei; ein Gottesdienst für Kinder und die mittlere Jugend sollte nicht ein einseitiger Unterricht oder zusammenhängender Lehrvortrag sein, sondern in demselben sollte als wesentliches Element die erbauliche Seite hervorgehoben werden: die Anregung des Gemüthes, die Erhebung des Herzens.

Eine Ursache der Verwilderung liegt allerdings auch häufig in der Art, wie junge Leute in ihrer untergeordneten Stellung von den ältern behandelt werden, in dem schlechten Beispiele, das ihnen oft die Eltern selbst geben, in dem rohen geselligen Leben

und in der absichtlichen Verführung. Alle diese ungünstigen Um=
stände aber zusammen sprechen nur um so deutlicher die Wahrheit
aus, daß es eine große Versäumniß ist, wenn die Schule nur in
der Zeit der Kindheit für die religiöse und sittliche Bildung ihres
Zöglings wirken kann, und daß auch hier wieder wenigstens unter
den gegebenen ungünstigen Umständen die unvollständige Organi=
sation der Schule als Hauptursache anzusehen ist, warum so viel
Gutes, was die Kinder in der Schule gelernt haben, wieder
verloren geht, „sobald und nachdem sie die Schule ver=
lassen haben.

V. Abschnitt.

Die geringe Fortwirkung des Unterrichtes und der
baldige theilweise Verlust des Erlernten als eine Folge
davon, daß der Lehrer seine Aufgabe entweder nicht
lösen kann oder nicht lösen will.

Die Aufgabe, welche der Volksschule in unserer Zeit gestellt wird,
ist eine weit schwierigere, als man gewöhnhlich glaubt; ihre Lösung
fordert zunächst ein reiches Lehrtalent. Gerade dieses Talent ist
aber ziemlich selten, und wenn man betrachtet, daß allein Preußen
15,000 Schullehrerstellen zu besetzen hat, so muß man gelten
lassen, daß eben viele, sehr viele Lehrer der wichtigsten Anlagen
für ihren Beruf ermangeln. Dieses offenbare Mißverhältniß
ließe sich vielleicht einigermaßen mildern, wenn wir annehmen
dürften, daß in den Lehrbildungsanstalten doch mit allem Eifer
darnach gestrebt werde, dem Lehrer eine tüchtige Gewandtheit
durch vielfache Uebung anzueignen. Leider sind aber die Lehrer=
seminarien weit mehr Unterrichtsanstalten für Erwerbung von
Kenntnissen und besondern Fertigkeiten, als wirkliche Berufsbil=
dungsinstitute. Die Seminaristen lernen gar Vieles, fast alle
Schleußen der Wissenschaft werden vor ihnen aufgezogen. Sie
treiben höhere Arithmetik und Geometrie, sie lernen alte und

neue Geschichte, mathematische, physische und politische Geographie, Naturgeschichte und Physik und noch viel Anderes, daneben auch mancherlei Kunstfertigkeiten und treiben körperliche Gymnastik; aber nicht selten fehlt ihnen gerade das, was das Edelste für den Menschen, das Wichtigste für den Volksschullehrer ist, nämlich: wissenschaftliche Kenntnisse und praktische Gewandtheit (mündlich und schriftlich) in der Muttersprache. Vor all dem Rechnen und Messen, dem Zeichnen, Singen, Geigen, Orgeln, vor all dem Auswendiglernen realistischer Sätze sind sie nicht dazu gekommen, über die Natur und Bestimmung des Menschen nachzudenken; sie haben Alles gelernt, nur nicht ihr Berufsgeschäft, das Lehren. Unsere Schullehrerseminarien sollen Berufsbildungsinstitute sein, sie haben aber jetzt weitaus vorherrschend noch den Charakter allgemeiner Lehranstalten. Dies ist ein Uebelstand, der in hohem Grade nachtheilig auf das Schulwesen wirkt. Die Volksschule selbst muß zum Lernplatz des Lehrers herhalten, und wie dabei die Kinder fahren, das stellt sich oft traurig genug heraus. Die Masse von Kenntnissen, die über dem Bereiche der Volksschule stehen und die der junge Lehrer aus dem Seminar mitbringt, werden hie und da zur Schau getragen, zum Schaden der Schulkinder und zum Gespötte der Schulfeinde. Wohleingerichtete Musterschulen, und Seminarlehrer, die im Lehrgeschäfte der Volksschule wahre Meister sind, das würde dem Volksschulwesen mehr frommen, als Naturalienkabinette, mathematische und chemische Apparate und Professoren.

Aber auch die Gewandtheit im Lehren selbst reicht nicht aus, eine Schule von 60—100 Schülern in sechs verschiedenen Klassen gleichzeitig zweckmäßig zu leiten, nützlich zu beschäftigen, anzuregen, zu lehren: das ist eine Aufgabe, die, vorausgesetzt, daß Eifer, Kraft und Willen nicht fehlen, einen disziplinarischen Takt fordert, der bloß energischen Menschen eigen ist. So eine zahlreiche Schule fordert in der That einen Organismus, den nur ein meisterhafter Lehrer in die rechte Bewegung bringen und zum

Gedeihen leiten kann. Ich habe solche Schulen gesehen, und bin
mit freudiger Bewunderung erfüllt worden. Möchten doch Ge=
lehrte, die oft den tüchtigen Volksschullehrer nicht nach Verdienst
beachten, solche Schulen besuchen, sie würden da den rechten
Maßstab zur Beurtheilung finden. — Wenn schon die Gewandt=
heit im Lehren einen tüchtigen Musterlehrer und vielfache Selbst=
übung für den Zögling erfordert, so ist dieß fast noch mehr der
Fall, um die Kunst: eine zweckmäßige Disziplin, eine zweckmäßige
gleichzeitige Klassenbeschäftigung unter angemessener Vertheilung
von Zeit und Kraft durchzuführen, sich anzueignen. Hierin ge=
schieht in manchen Seminarien viel zu wenig; einzelne Schulbe=
suche, einzelne Probelektionen reichen bei weitem nicht aus. Zwar
wird ein Theil der angehenden Lehrer zu Gehülfendiensten unter
Aufsicht älterer Lehrer zunächst bestimmt. Dies macht aber in
manchen Fällen das Uebel nur noch größer; denn wenn sie, was
nicht so selten ist, zu einem untüchtigen oder bereits abgeschulten
Prinzipal kommen, nehmen sie oft dessen Mängel, Fehler und
Versäumnisse sich zum Muster, und der alte Uebelstand erbt sich
fort von Lehrer zu Lehrer. — Ueberdieß zieht eine große Anzahl
austretender Seminaristen in sogenannte Provisorate ein, und
der junge unerfahrene Mensch soll auf einmal unter 80 Kindern
praktiziren. Welche Verstöße da geschehen, wird Jeder ermessen,
der sich von der schwierigen Aufgabe nur einigermaßen eine
Vorstellung zu machen im Stande ist. — Da sitzen oft ganze
Klassen stundenlang müßig und üben sich im Trägewerden. Da
wird oft das Unwesentliche dem Nothwendigen vorgezogen; da
wird disziplinirt, dozirt und kassifizirt, daß man lachen und wei=
nen möchte über die Verkehrtheiten. Wo es so an Lehrtalent,
an Lehrgewandtheit, an disziplinarischem Takt fehlt, da wird doch
Niemand eine Leistung erwarten, die über die Schule hinaus=
reiche. Ich habe mich schon oft über die schädliche Beziehung
des Paulinischen Spruches: „Prüfet Alles und das Beste be=
haltet" auf angehende Schullehrer betrübt. Von den Trägen

und Gleichgültigen will ich vor der Hand nicht sprechen: Aber
sollten auch nur die Bessern im Stande sein, unter Vorschriften
und Rathschlägen verschiedener Schulpädagogen, die einander gar
oft widersprechen, das Zweckmäßigste herauszufinden? Soll es
dem unsichern Zufall überlassen sein, daß der angehende Lehrer
einen Lehrplan für den achtjährigen Schulkurs entwerfe? Soll
ihm die Auswahl und die Ausmittelung des Verhältnisses der
Fächer zustehen? Soll er über Methode entscheiden? Dürfte er
die Lehrmittel bestimmen, die Disziplin, den Lektionsplan fest-
stellen? — Nein, denn dazu ist er noch lange der Mann nicht.

Viele jüngere und ältere Lehrer können nicht Schulhalten,
sind ihrem Berufsgeschäfte nicht gewachsen. Vieles, was sie
lehren, ist an sich nicht gut, bietet weder moralische, noch intellektuelle Haltpunkte und geht darum verloren, „sobald und
nachdem die Kinder die Schule verlassen haben." Vieles
wird nur zum Schein auf das öffentliche Examen eingeübt, die
Schüler wissen und verstehen es nicht recht, und darum ist es
in wenigen Tagen nach der Prüfung dem Gedächtnisse entschwun-
den. Es gibt aber nicht nur viele Lehrer, die ihre Aufgabe
nicht lösen können, sondern auch viele, denen die moralische
Kraft und der Willen dazu fehlt.

Unter diesen findet man solche, die schon vom Anfange ihrer
Laufbahn sich der Bequemlichkeit und der Trägheit hingeben.
Sie fühlen niemals jene hohe Begeisterung, welche für die tüchtige Leistung auf dem Gebiete der Volksschule nöthig ist. Diese
treiben dann das Schulhalten in der Weise, wie es ihrer Be-
haglichkeit am meisten Raum gewährt; statt des bildenden, lebendigen Organismus suchen sie irgend einen Mechanismus, in
welchem sich die Schulstunden abwinden. Solche Schulen stiften
weit mehr Schaden, als Nutzen; denn die Kinder werden dumm
und faul, und dies ist ein Uebel, dem einige mechanisch erlernte
Schulfertigkeiten keineswegs das Gegengewicht halten, und ich
spreche ganz offen meine Ansicht aus, daß ich viel lieber keine

Schule wollte, als eine solche, in welcher Trägheit und Stumpf=
sinnigkeit gehegt und gepflegt wird. Draußen im Felde und
Walde, auf dem Eise oder der Schlittbahn wollte ich die mun=
tern Knaben lieber sehen, als in einer Geist und Körper läh=
menden Schulstube. Andern Lehrern, und deren Anzahl ist nicht
gering, fehlt es nicht an thatkräftigem Streben, aber dasselbe
ist nicht auf die Schule, sondern auf andere Gegenstände gerichtet.
Mancher hat, um sein Einkommen zu vergrößern, noch eine
andere Berufsart, Anfangs nur so nebenbei, zu betreiben ver=
sucht, z. B. Landwirthschaft, Schreiberei, Schriftstellerei, Feld=
messen, Musikunterricht, Uhrmachen, Flachmalen u. dgl. All=
mälig wurde das eine oder andere Geschäft eine Lieblingssache:
die Schulstunden gehen zu langsam, mitunter wird dies oder
jenes während derselben besorgt oder doch überlegt und berechnet,
und es geht nicht lange, so ist die Schule Nebensache geworden.
Der müde Landarbeiter ruht während derselben aus, oder der
Schreiber und Geometer arbeitet hinterm Pulte. Ich habe
landwirthschaftliche Schullehrer kennen gelernt, die so ganz und
gar verbauert waren, daß sie mit Bangigkeit aus der Schule
nach dem Stalle oder der Düngergrube sich sehnten, und darum
kann ich den von Regierungen und Schriftstellern ausgesproche=
nen Wunsch, daß die Lehrer auch Landwirthschaft treiben sollen,
durchaus nicht theilen. Ein tüchtiges Ackerwerk ermüdet den
Körper, in der Schulstube drückt dann die Ermüdung den Geist
nieder, und man findet Lehrer, die einige Stunden vor der Schule
wacker auf dem Felde gearbeitet haben, nicht selten schlafend, in
der Zeit, da sie unterrichten sollten. In der Studierstube nimmt
sich der Ackerbau ganz idyllisch aus, aber nicht so in Wirklichkeit.

Eine dritte Klasse von Lehrern endlich hat unter dem Drange
häuslicher Noth allen Lebensmuth verloren. Ach, und in diese
Klasse gehören nur zu viele! Gibt uns nicht Schulrath von
Türk Kunde, daß von 15,000 preußischen Schullehrern mehr
als 12,000 nicht einmal 100 Thaler jährlichen Gehaltes beziehen?

Ist das nicht ein gränzenloser Jammer! Und welche Aussicht für das schwache kranke Alter? — Armenhaus oder Bettelstab!!

Wir kennen all die hehren Ermunterungsrufe, die frommen Trostgründe; aber wir haben auch erfahren, daß bei Vielen die Hinweisung auf den Lohn im andern Leben eben den Kummer und die Sorge um die Befriedigung der nothwendigsten irdischen Bedürfnisse nicht aufheben kann. — Wenn der Schullehrer seine Anstrengung so gering belohnt, so wenig beachtet findet; wenn er bemerkt, wie Andere bei weit geringerer Arbeit vielfach mehr belohnt und geehrt sind: dann fängt er eben an, seine Leistungen und Bemühungen nach dem Maßstabe seines Lohnes und seiner Würde zu messen; er hat sich bald genug gethan, er sucht andere Erwerbungsquellen, um dem Familienelend zu steuern; das Schulgeschäft wird so mechanisch etwa nach Zeit und allgemeiner Uebung getrieben, es fehlt der Geist, die Kinder werden mit Noth vor der Prüfung noch so zugestutzt, das Erlernte ist ohne rechten Grund, ohne Liebe und innere Befestigung, es ist ein bloßer Schein, und darum geht das Meiste wieder verloren, „sobald die Kinder die Schule verlassen haben."

Man dürfte hier auf die Schulvorsteherschaften sich berufen, und von diesen erwarten und fordern, daß sie einem solchen Versinken der Schule kräftig entgegenarbeiten sollten. Die Berufung ist begreiflich; aber sehe man nur zu, wie die Schulvorsteherschaften an so vielen Orten bestellt sind, und wie sie wirken. Der Ortsgeistliche ist in vieler Hinsicht der geeignetste erste Schulvorsteher, das läßt sich nun einmal nicht bestreiten. Seine Kollegen oder Beisitzer mögen ebenfalls sehr zweckmäßig aus den Ortsbewohnern gewählt werden. Aber das ist auch unbestreitbar, daß sehr häufig diese Vorsteherschaften durchaus nicht kräftig und einsichtig genug sind, um das Schulunwesen abzustellen und dem wahren Schulwesen aufzuhelfen. — Wie sehr auch allgemeine Bildung, philologische und theologische Gelehrsamkeit, amtliche Würde und öffentliche Achtung den Geistlichen über den Schul-

lehrer erheben; so ist es doch gar nicht selten der Fall, daß gerade
in der Richtung, in welcher der Geistliche als erster Schulvorsteher den Schullehrer übertreffen soll, im Fache des Volk-
schulwesens, der Geistliche gegenüber dem fähigen Lehrer sehr
große Blößen zeigt, und darum nicht so einwirken kann, wie er
sollte. Von einer nicht kleinen Zahl geistlicher Herren läßt sich
sogar mit Fug und Recht behaupten, daß sie der Emporbringung
des Schulwesens gar nicht besonders zugethan sind; Einige, aus
höhern Familien entsprossen, sehen die Nothwendigkeit nicht ein,
die untern Volksklassen mit wissenschaftlichen Kenntnissen und
nützlichen Fertigkeiten auszurüsten; Andere, dem Kreise höherer
Gelehrsamkeit angehörend, blicken mit einer Art Mitleid und
Geringschätzung auf das niedere Treiben der Volksschulen; und
eine dritte Klasse sieht aus Bequemlichkeit oder Alterslast dem
Schulwesen mit thatloser Klage zu; sehr viele aber lassen aus
gar übel angewandter Gutmüthigkeit, aus Mitleid mit der armen
Schulmeisterfamilie, den Schulunfug nicht nur stillschweigend
Jahre lang fortgehen, sondern helfen gar noch dazu, den faulen
Fleck zu bedecken. — Die weltlichen Mitglieder der Ortsschul-
pflege sind häufig Männer, die der Schullehrer an Kenntnissen
weit überragt und die ihre Forderungen an die Schule meistens
gar niedrig stellen. Sie folgen in der Regel dem Urtheile des
Geistlichen, und hören nicht selten die Behauptungen des Lehrers
mit Verwunderung und Erstaunen. So wenigstens in den eigentlichen Landschulen auf den Bauerndörfern. — Die Schulinspektion,
welche von höherer Behörde etwa jährlich einmal Statt findet, ist
nicht wohl geeignet, den Mängeln und Fehlern auf die Spur
zu kommen. Das öffentliche Examen, dem der Inspektor bei-
wohnt, wird mit gewissen Aeußerlichkeiten, Vorbereitungen,
Schauübungen und dergl. meistens so erträglich herausgebracht,
und es können viele Jahre des Schlendrians fortdauern, ohne
daß die tiefen Gebrechen offenbar werden.

Unter solchen Umständen hat man freilich nicht zu fürchten,

daß, so viel Gutes, das die Kinder in der Schule gelernt haben, wieder verloren geht, sobald und nachdem sie die Schule verlassen haben; — denn die Kinder lernen eigentlich nichts Gutes, nichts Nützliches, und was da etwa gezeigt wurde, war eitel Tand und Schein. Ich möchte auch in der That behaupten, daß die Unmöglichkeit des Vergessens als Folge des Nichterlernens in manchen Gegenden so häufig sei, wie das Vergessen aus Mangel an geeigneter Fortübung und Weiterbildung. Endlich dürfen wir uns auch nicht verbergen, daß selbst bei den bessern Lehrern nach vielen, vielen Jahreskursen eine gewisse Gleichgültigkeit eintritt. O, ich will keinen Lehrer, der seine vierzig Jahre hindurch vierzigmal den gleichen Lehrkurs durchgemacht hat, darüber anklagen, wenn er endlich nach der Ruhe und dem Frieden des Alters sich sehnt, wenn er schwach und schwächer wird in seinem Lehrgeschäfte. Er ist ja wahrlich tief zu beklagen, der alte, müde Mann! der, um sein kärglich Brod zu verdienen, über Willen und Kraft noch lehren soll, lehren unter vielleicht 100 rührigen Kindern, von denen er so ferne steht. Wie möchte ich es ihm so gerne gönnen, daß er den Rest der Tage im „wohlgepolsterten Lehnstuhl" vollbrächte! — Aber berühren mußte ich auch ihn und seine Leidensgenossen; denn nimmer ist das sinkende Alter im Stande, mit Kraft und Erfolg in der Schule zu wirken.

Und wenn ich nun die 15,000 Schullehrer Preußens mustere, wie viele würden wol unter die

    „ ungenügend gebildeten,

    „ trägen,

    „ anderer Beschäftigung ergebenen,

    „ entmuthigten,

    „ altersschwachen und abgeschulten

gehören? Ich fürchte, mehrere Tausende, vielleicht mehr als 7000. Wundern wir uns also nicht zu sehr, wenn der Schulunterricht vielfältig nicht den gehofften Erfolg hat.

Zweite Abtheilung.

Ueber die Mittel, um dem in der Frage bezeichneten Uebelstand abzuhelfen.

A. Durch die vollständige Organisation der allgemeinen Volksschule.

B. Durch Verbesserung der bestehenden.

I. Abschnitt.

Die Schule der Kindheit.

A. Eintheilung.

Die Schule der Kindheit umfaßt die Altersgenossen vom 6 — 14ten Lebensjahre. Sie versammelt ihre Schüler täglich, mit Ausnahme des Sonntags und etwa eines halben Wochentages, und hält dieselben 6 Stunden unter Aufsicht und Uebung. Die Kinder dieser 8 Jahrgänge werden in 6 Klassen eingetheilt. Einem streng progressiven System zufolge müßten es zwar so viele Klassen als Jahrgänge sein; bei der Verschiedenheit der Anlage und Entwickelung ist es indessen zuläßig, daß blos 6 Klassen konstituirt werden: weil 2 Jahrgänge während der ganzen Schul-

zeit wohl allmälig verschmelzen. Die Zweckmäßigkeit der Klassen-
reduktion ergibt sich aus der leichtern Schulführung und der
mindern Zersplitterung der unmittelbaren Thätigkeit des Lehrers.

B. Inhalt und Umfang der Lehrgegenstände.

1. **Sprachlehre.** a) Elementarübungen der Sprach= und
Schreiborgane. Sinnenübung bei elementarischen Sprechübungen.
b) Ausbildung des Sprachvermögens in rezeptiver und repro-
duktiver Richtung bis zum klaren und schnellen Verständniß einfacher
mündlicher hochdeutscher Vorträge und solcher Schriften, die keine
höhern wissenschaftlichen oder gelehrten Kenntnisse voraussetzen,
und bis zum fließenden, korrekten Vortrag in freier Erzählung
oder Berichterstattung, sowie fertiges, wohlbetontes Lesen in Druck
und Schrift. c) Korrekter schriftlicher Ausdruck bis zur Abfassung einfacher schriftlicher Erzählungen, Beschreibungen und kurzer
Briefe. d) Gründliche Einsicht in die einfachsten, wesentlichsten
grammatischen Verhältnisse und Regeln, nebst Anwendung auf
Orthographie und Interpunktion.

2. **Klare Kenntniß der elementarischen Zahlenverhältnisse.**
Mündliches und schriftliches Rechnen mit praktischer Rücksicht
auf die Aufgaben, welche die allgemeinen Lebensverhältnisse stellen,
das heißt, die vier Spezies, jedoch ohne allzu hohe Zahlenreihen,
Dreisätze und leichtere Bruchrechnungen.

3. **Geometrische Formenlehre.** Bloß die Elemente der Form,
vorherrschend als Anschauungsübung in den untern Klassen mit
kombinatorischer Nachbildung der Formen. Das Messen und
Berechnen einfacher Flächen und der gewöhnlichsten Körper.

4. a) Schönschreiben in einfacher deutscher und lateinischer
Schrift. b) Singen leichtere Melodien nach Noten. Einübung
einer bedeutendenden Anzahl geistlicher und weltlicher zweistimmiger
Lieder bis zum schönen, reinen Vortrag (auswendig).

5. **Christliche Religions= und Sittenlehre**, welche die Pflichten=
lehre mit einschließt. a) Entwickelung der Gefühle. Abstraktion

der Begriffe an einfachen Erzählungen und Parabeln. b) Biblische Geschichten. c) Biblische Sprüche und erbauliche Liedertexte. Nutzanwendung. d) Fragmentarisches Lesen in der heil.
Schrift mit Erklärungen und Betrachtungen. e) Gebet und heilige
Gesänge. Ersteres in den obern Klassen, wenn es von Einzelnen
vorgetragen wird, in eigenen Worten. Gemeinsames Gebet nach
ausgewählten Mustern. Der erbauliche Gesang in auswendig
gelernten schönen Melodien mit rührendem Texte.

C. Lehrmittel.

1. Tabellen für den elementarischen Sprachunterricht. (Erster
Unterricht im Lautbezeichnen, Buchstabenbelauten bis zu einfachen
Sätzen.)

2. Erstes Lesebuch mit Uebungen im phonetischen und logischen
Lesen; Erzählungen und Beschreibungen.

3. Sammlung ausgewählter biblischer Geschichten.

4. Spruch= und Liederbüchlein.

5. Lesebuch für die obern Klassen, enthaltend: anziehende
Erzählungen, Mittheilungen aus der Geschichte, Naturkunde,
Länder= und Völkerkunde.

6. Die heilige Schrift des neuen Testaments.

7. Den Katechismus.

8. Aufgabenblätter zum Rechnen.

9. Vorlagen zum Schönschreiben.

10. Gesanghefte.

Hiezu noch die Landkarte des Bezirkes (Provinz), des Vaterlandes, Europa's, der Erde, und etwa Abbildungen aus der
Naturgeschichte. Den eigentlichen Schulapparat brauchen wir
wohl nicht besonders aufzuführen.

Ueber den Inhalt der Schulbücher noch einige Bemerkungen.
Die Sprachtabellen zeigen zunächst die Elemente der Form zur
Nachbildung für die Schüler, als Vorübung zum Schreiben; die
ersten Buchstaben sind die der einfachen Kurrentschrift. Die Erzählungen im ersten Lesebuch können zwar vorherrschend religiös-

moralische Tendenz haben; es müssen aber nothwendig auch solche vorkommen, welche heitere, anregende Geschichtchen enthalten, die einem Kinde Lust und Liebe zum Lesen erwecken; unschuldige Scherze sind nicht auszuschließen. Die Sprache muß durchaus einfach sein, der kindlichen Fassungskraft entsprechend, so daß die Kinder den Inhalt verstehen, ohne besondere Erklärungen.

Die biblischen Erzählungen sind größern Theils aus dem neuen Testamente zu nehmen; sie erzählen vorzugsweise das Erfreuliche, Liebreiche, Tröstliche; Böses und dessen Strafen, insofern es außer dem Bereiche der Kindererfahrungen liegt, bleibt möglichst ausgeschlossen. Die Wundererzählungen sind dem kindlichen Geiste durchaus nicht zuwider, die Sprache einfach mit einiger Steigerung im Vergleiche mit jenen Erzählungen im ersten Lesebuch.

Die Auswahl für das erste Spruch= und Liederbüchlein muß mit größter Sorgfalt geschehen. Die Sprüche dürfen nicht aus Stellen bestehen, deren Verständniß dem Kinde allzu schwer und unbegreiflich ist. Die Lieder stufenweise von zweizeiligen Strophen ausgehend, der Inhalt auf das Kinderleben bezüglich, einfach, klar, ansprechend, rhythmisch wohllautend, mit Reimschlüssen.

Das größere Lesebuch muß ebenfalls heitere Geschichten enthalten; die realistischen Mittheilungen geben Einzelnes des Wissenswürdigsten, Interessantesten; aber dies dann ausführlich, und belehrend und unterhaltend zugleich. Keine Systemstabellen, keine wissenschaftlichen Definitionen.

Die Rechnungsaufgaben gehen bald aus der formalen Uebung zur praktischen Anwendung über. Die Vorlagen zum Schön=schreiben enthalten deutsche und lateinische Schrift; aber einfach, ohne Künsteleien.

Die Gesanghefte enthalten neben religiösen Liedern auch solche, die zur Erheiterung, zur geselligen Freude beitragen. — Das Wesentlichste der Grammatik kann in einem gedruckten Hefte gegeben oder auch von den Schülern nach Diktaten selbst notirt werden.

D. Ueber das Verhältniß der Lehrgegenstände zu
einander.

Methode und allgemeiner Zweck dieser Schulstufe.

Der wichtigste aller Lehrgegenstände ist die Religions= und
Sittenlehre. Zu dem, was dieser Gegenstand erzielen soll, wirkt
die Sprachbildung am meisten mit; sie bringt die Botschaft zum
Herzen und Verstand, und ist somit die Bedingung aller mensch=
lich edeln Bildungsbestrebungen. Der Sprachlehre muß vor=
herrschend die meiste Zeit und Kraft zugewiesen werden, und unter
den verschiedenen Richtungen derselben ist wieder vorzugsweise der
mündliche Ausdruck sowol in Hinsicht auf Auffassung als Dar=
stellung in Betracht zu ziehen. Das Rechnen hat seine Bedeu=
tung in der Bildung des Verstandes und des praktischen Nutzens
im bürgerlichen Leben. Um der Sprachbildung nicht Abbruch zu
thun, muß eine Beschränkung der Zahlenlehre Statt finden. Die
geometrische Formenlehre ist wiederum in der Bedeutung dem
Rechnen untergeordnet. Die kurze Schulzeit und die höhern
Forderungen an die Sprachbildung machen hier eine noch größere
Beschränkung nothwendig, als beim Rechnen.

Das Schönschreiben hat einige bildende Wirkung für den
Ordnungssinn; bleibt jedoch ein untergeordnetes Fach; der Ge=
sang hingegen wirkt wesentlich zur Gemüthsveredlung, und ist
neben der Sprache einer der wichtigsten Gegenstände der allge=
meinen Menschenbildung.

Methode.

Die allgemeinen Prinzipien eines bildenden Unterichtsgan=
ges und einer bildenden Lehrweise brauchen wir hier nicht zu
erörtern; sie sind aus vielen guten pädagogischen Schriften zu
ersehen. Es genügen einige besondere Andeutungen. Von dem
wechselseitigen System wird aufgenommen, daß fähigere Schüler
je einer höhern Klasse bei dem Unterichte und der Leitung mit=
helfen, indem sie in untern Klassen nach der Anweisung des Leh=
rers wiederholen und fortführen, in den obern aber bei der stil=

len Aufgabenlösung sowie bei Selbstübungen Aufsicht halten und den Schwächern nachhelfen. Der noch vorherrschende Nachahmungstrieb muß in Uebereinstimmung mit der Entwicklung der geistigen Kräfte vorzugsweise in Rücksicht kommen, und daher ist die Wirksamkeit derselben nach der Veranschaulichung und Benennung durch Nachbilden und Nachsprechen anzuregen. Von einer katechetischen oder sokratischen Methode kann insbesondere in den untern Klassen keine Rede sein. Die Lehrweise ist demonstrativ: vorzeigend, vorsprechend. Die rezeptive Anregung und Auffassung geht stets der reproduktiven Thätigkeit voran. Die Schüler werden als das behandelt, was sie eigentlich sind, als unmündige Kinder. Die Autorität des Lehrers findet ihre vollständige Anerkennung, sein Wille unbedingten Gehorsam, seine Lehre unbedingten Glauben, seine Weisheit unbedingtes Vertrauen. Der Lehrer gibt, der Schüler nimmt auf. Der Lehrer bezeichnet die Aufgaben, der Schüler löst sie nach seiner Anweisung. Es ist Kraft und Wille des Lehrers, was da einwirkt, um die Kraft und den Willen des Schülers zu wecken und in Aktivität zu setzten. Je jünger, je ungebildeter der Schüler, desto abhängiger seine Thätigkeit. Die Kräfte müssen zuerst durch Anregungen von außen, durch Veranschaulichung und Belehrung geweckt und geübt werden: denn ohne solche Anregung blieben sie im Schlummer, wie denn überhaupt alle Entwicklung rezeptiv, reproduktiv, produktiv fortschreitet. In den untern Klassen ist das demonstrative Verfahren vorherrschend, in den mittlern ist das heuristische mit dem demonstrativen gleich berechtigt, in den obern Klassen aber tritt das demonstrative mehr zurück, und neben dem heuristischen kommt noch das katechetische in Anwendung. Hinsichtlich einiger Fächer ist für den elementarischen Schreibunterricht die sogenannte Graser'sche Schreib-Lesemethode (welche vor ihm schon Taubstummenlehrer getrieben) in der Art, wie sie von Scherr und Wurst ausgearbeitet worden, sehr zu empfehlen. Zahlen= und Formenlehre dürfen nicht

4

nach dem Pestalozzischen unendlichen Elementarformalismus betrieben werden, sondern nach einer kurzen, mehr praktischen Methode. Der grammatische Unterricht wird mit realistischen Satz-
bildungen verbunden, und die Uebungen in kleinen Aufsätzen
müssen namentlich in erzählender und beschreibender Richtung
ihren Stoff aus der Geschichte und Naturkunde nehmen. Die
Erdkunde schließt sich in den nothwendigsten Aufschlüssen an die
Landkartenkenntniß. Den Lehrgang in Religion und Moral zeigt
die Aufeinanderfolge der bezeichneten Lehrmittel. Die Lehrweise
muß nothwendig so sein, daß eine freundliche, friedliche, fromme
Gemüthsstimmung in den Lehrstunden vorherrschend ist. Die ist
die wesentlichste Bedingung für die Herzensbildung, und dieser
muß auch das viele Wissen hier untergeordnet werden. Schwierigkeiten, exegetische Grübeleien sind auf jeder Stufe zu vermei-
den. Hingegen ist durch gläubige Hingebung und Annahme
auch von Seiten des Lehres der ungetrübte, vertrauensvolle
Kinderglaube zu nähren, zu befestigen. Was als Historisches
aus den heiligen Schriften, als Kirchliches aus den konfessionel-
len Lehrbüchern vorgestellt wird, das soll ohne allen skeptischen
Seitenblick, ohne rationalistische Erklärung mit der Kraft der
Ueberzeugung gegeben werden, damit es ebenso in den Kinder-
herzen Wurzel fassen könne. Die Methode des Gesangunter-
richtes soll nicht in besondern Verstandesübungen auslaufen, sondern darauf hinwirken, daß die Kinder schön singen lernen. Je
bälder die Kunstfertigkeit hiezu gegeben ist, desto größer der Bildungsgewinn in der Veredlung des Gemüthes.

II. Abschnitt.

Die Schule der mittlern Jugend.

Die mittlere Jugendzeit ist die Uebergangsperiode aus der
untergeordneten Kindheit zur freien Klasse der Erwachsenen. Dies

charakteristische Merkmal der Lebenszeit muß sich auch in der Einrichtung der Schule für die mittlere Stufe offenbaren. Sie wirkt theils durch die leitende Kraft des Lehrers, theils aber auch durch die freiere Thätigkeit des Schülers, und je mehr jene zurücktritt, desto mehr tritt diese hervor, und ein Theil des Unterrichts ist Selbstbelehrung des Schülers außer der Schule. Die Schule der mittlern Jugend hat es nicht, wie die sogenannten Repetir= und Sonntagsschulen, mit der bloßen Wiederholung und Befestigung der sogenannten Schulfertigkeiten zu thun: sie bearbeitet eine neue Bildungsstufe unter strenger Berücksichtigung der Zeit, der Kräfte und der weitern Entwicklung.

A. Der Unterricht in der Schule.

Die Schule der mittlern Jugend umfaßt die Lebenszeit vom 14 — 18 Altersjahre. Sie versammelt ihre Zöglinge wöchentlich einmal, etwa für drei Lehrstunden. Die streng geschlossene Schul=ordnung löst sich allmälig in eine freiere Theilnahme auf, und obgleich die Schüler von vier verschiedenen Altersjahren zusam=menkommen, bilden sie gleichsam nur eine Klasse, doch so, daß die beiden erstern Jahrgänge mehr zuhören und nur aufgerufen sprechen, die beiden obern mehr in freier Thätigkeit angeregt und betheiligt werden. Es ist hier nicht mehr der Lehrer allein, der vorträgt, sondern die obern Jahrgänge treten selbständiger in den Kreis. Hier gelten für die Schule, für die Zöglinge ge=schriebene Gesetze, auf deren Beachtung strenge gehalten wird, so daß das disziplinarische Einschreiten nach festen, gesetzlichen Bestimmungen geschieht, die nicht mehr, wie in der Kinderschule, durch subjektive Willkür des Lehrers oder objektive Rücksichten modifizirt werden dürfen. Dieses Festhalten an einer streng ge=setzmäßigen Ordnung ist nicht nur für die Schule höchst wichtig, sondern auch für das bürgerliche gesetzliche Leben, in das die Zöglinge dieser Schulstufe hinübertreten.

Ueber den Inhalt und Umfang der Lehrgegenstände mögen folgende Andeutungen genügen.

1) Praktische Uebung im Sprechen, Lesen, Schreiben und Rechnen. Dabei handelt es sich um einfache mündliche Vorträge, Anträge, Anfragen und geordnete Besprechungen über wichtige Punkte im bürgerlichen und geselligen Leben oder über einen wissenschaftlichen Gegenstand. Das Aufrufen zu Meinungsäußerung von Seite des Lehrers, das Wortbegehren durch die Schüler geschieht nach reglementarischen Bestimmungen. Das Lesen ist hauptsächlich Vorlesen, bald durch den Lehrer, bald durch einzelne Schüler, wornach jedesmal eine kurze Erklärung und Besprechung folgen kann. Das Schreiben ist vorzugsweise Uebung in Geschäftsaufsätzen, das Rechnen berücksichtigt hauptsächlich die Forderungen des Verkehrs. Während der Schulstunde selbst wird selten geschrieben. Dann und wann diktirt der Lehrer einen Musteraufsatz, oder schreibt einen solchen an die Wandtafel. Orthographische Uebungen und grammatische Erklärungen gehören nicht mehr hieher. Besser, es lerne ein schwächerer Schüler sich noch verständlich, wenn schon nicht ganz korrekt, schriftlich ausdrücken, als daß er in jenen Uebungen stecken bleibt, und am Ende aller praktischen Tüchtigkeit ermangelt. Häufiger hingegen kommen Verbesserungen und Besprechungen über schriftliche Arbeiten vor, welche die Zöglinge außer der Schulzeit verfertigt haben.

2) Realien: Geschichte, Naturkunde, Erdkunde.

Diese Gegenstände werden aber nicht im wissenschaftlich systematischen Zusammenhange behandelt, sondern fragmentarisch, d. h. es werden einzelne interessante Darstellungen gegeben, die das Wichtigste aus jenen Gebieten zur Anschauung, zum Verständnisse bringen. Diese Darstellungen sind dann ausführlich, klar, gewissermaßen erschöpfend; so aus der Geschichte anregende, ermunternde Biographien, aus der Naturkunde vollständige Beschreibung von Objekten oder deutliche Erklärung von

Kräften und Wirkungen, aus der Erdkunde die Vorführung merkwürdiger Länder, Orte, Gegenden, Charakteristik von Völkern. Also gerade das Gegentheil von jenen enzyklopädischen Gerippen, womit man in der Kinderschule das Gedächtniß der Schüler anzufüllen strebte: Leerer Dunst, der verfliegt, sobald und nachdem die Kinder die Schule verlassen haben. Die Vorlesungen werden auch nicht ohne Unterbrechung fortgeführt; wo schwierige Stellen, wo wichtige Momente sind, wird inne gehalten und die Sache durch Fragen und Besprechung erweitert, untersucht und erörtert. Die ältern Schüler bringen durch ihre Theilnahme an der Belehrung und Unterhaltung Leben in die Schule und erregen die Aufmerksamkeit der jüngern in gesteigertem Grade.

3) Sitten- und Pflichtenlehre.

Gerade in dieser Zeit ist die Einwirkung auf gute Gesittung höchst nothwendig. Der äußere Anstand soll durch die Haltung, welche der einzelne Zögling bei dem gemeinsamen Unterrichte, beim Vorlesen, bei den Besprechungen, Berathungen nach der strengen Handhabung der Schulgesetze beobachten muß, wesentlich gefördert werden; denn Nichts wird in dieser Hinsicht so bildend, als die geordnete Gesellschaftlichkeit. Die ernste Seite des moralischen Lebens wird vorzugsweise durch historische Biographien angeregt, und so auf die Charakterbildung gewirkt. Zarte Gefühle werden durch Mittheilung aus dem Gebiete der Poesie angeschlagen. Es ist in dieser Hinsicht das deutsche Volk trotz seines Lesens, Schreibens und Rechnens, trotz seiner gerühmten Schulbildung, weit hinter sogenannten ungebildeten Völkern z. B. den Italienern zurückgeblieben. Ja man darf fast behaupten, seit den stärkern Bestrebungen der Volksschulen ist der natürlich poetische Sinn manches deutschen Stammes eher erloschen, als aufgegangen. Diese Vernachlässigung des poetischen Elements geschah gewiß zum großen Nachtheil der gemüthlichen Ausbildung, und eine weitere Verkümmerung wäre

um fo unverzeihlicher, da wir jetzt einen Uhland, Schwab, Ker-
ner, Rückert und fo viele andere wahrhaft deutfche Dichter haben, die den Garten der Poefie auch dem Ungelehrteften, wenn
er nur guten Sinn und ein empfängliches Gemüth befitzt, geöff-
net haben. Daß gerade die mittlere Jugendzeit die eigentliche
Periode des poetifchen Lebens bilde, brauche ich kaum noch zu
bemerken.

Noch wichtiger, als die poetifche Anregung, ift auch auf
diefer Schulftufe für die Gemüthsveredlung der Gefang; wobei
jedoch ausdrücklich bemerkt wird, daß hier minder der Gefang-
unterricht, als vielmehr das eigentliche Singen zu berückfichtigen
ift; denn nicht jenes, fondern eben diefes erheitert und erbaut
das Herz. Alfo nur von Zeit zu Zeit findet das Einüben eines
Liedes Statt. Hat die Kinderfchule ihre Aufgabe nicht vollftän-
dig gelöst, d. h. die Kinder nicht im Nothwendigen zu gehöriger
Fertigkeit gebracht, fo muß die zweite Schulftufe vom Notenge-
fang abftrahiren, und fich damit begnügen, fo viel immer möglich einfache fchöne Lieder nach dem Gehöre einzuüben, religiöfe
und vaterländifche Gefänge fowie auch heitere Gefellfchaftslieder
wechfeln in angemeffenen Abtheilungen.

Um die Theilnahme an dem Schickfale Anderer zu beleben,
muß die Schule ftreben, daß die Schüler nicht nur im gegenfei-
tigen Benehmen friedlich und zuvorkommend find, fondern auch,
daß fie fich zu kleinen Gefälligkeiten und Dienftleiftungen immer
bereitwillig finden. Dann und wann follte auch, wenn gerade
eine anregende Veranlaffung fich darbietet, der Wohlthätigkeits-
finn werkthätig angeregt werden z. B. in kleinen Kollekten für
Nothleidende. Die Pflichtenlehre fpricht fich namentlich auch in
kurzen Vorträgen über die Pflicht des Familiengliedes, des Ge-
meindsgenoffen, des Staatsbürgers aus. In Hinficht auf die
beiden letzten Punkte wird je am Ende eines Schuljahres das
Wichtigfte aus den Staatsgefetzen erklärt, befprochen und erörtert, fo daß je die aus diefer Schule Auftretenden eine hinrei-

chende Kenntniß von den wichtigsten Pflichten und Rechten des
Staatsbürgers in das aktivbürgerliche Leben hinüberbringen. (Der
Religionsunterricht gehört auch dieser Stufe der Kirche an). —

B. Fortbildung außer der Schule.

Ich habe schon in der Einleitung dieses Abschnittes bemerkt,
daß auf dieser Schulstufe ein Theil der Bildungsbestrebungen der
freien Thätigkeit des Zöglings neben der Schule heimgegeben
werde; auch in der Kinderschule schon findet Selbstbeschäftigung
Statt; aber fast nur im Schulzimmer unter beständiger Aufsicht.
Dem Zögling der Jugendschule hingegen ist hier die Auswahl
von Zeit und Ort zur Selbstfortbildung heimgestellt. Drei Richtungen sind es hauptsächlich, auf die er in diesen Bestrebungen
hingewiesen ist:

1) Lesen der Schriften, die ihm durch die Schule mitgetheilt worden. Jeder einzelne Zögling der zweiten Schulstufe erhält gratis ein Wochenblatt, etwa 4 Quartseiten. Dieses Blatt
enthält Mittheilungen aus der Geschichte, Naturkunde und Erdkunde, aus der Landwirthschaft und dem Gewerbswesen, sowie
auch poetische Gaben. Die geschichtlichen Artikel sind theils Biographien aus älterer und neuerer Zeit; theils aber auch wahrhafte Berichte aus der Tagesgeschichte, jedoch ohne das gewöhnliche Zeitungsraisonnement: Bereicherung an Kenntnissen und
Bildung des Herzens sind Zweck. Alles, was diesem Zweck entgegen ist, wird aufs sorgfältigste ausgeschlossen; so daß das
Blatt sich von den gewöhnlichen Zeitungen ganz und gar unter-
scheidet. Auf wichtige Artikel des Blattes kommt man bei der
Besprechung in der Schule besonders zurück.

2) Zur häuslichen Schreibübung dient die Abfassung einer
Art Chronik, wozu bereits in der Kinderschule die erste Anlei-
tung gegeben worden ist; was bloß den einzelnen Schüler und
die Familie in solcher Art betrifft, daß es sich zur allgemeinen
Kunde nicht eignet, bleibt ausgeschlossen; abgesehen hievon kann

der Schreibende Vorgänge aus seinem Leben, Schicksale seiner Familie, überhaupt Alles aufzeichnen, was ihm aus der Tagesgeschichte seines eigenen oder eines andern Volkes merkwürdig scheint. Von Zeit zu Zeit werden die Hefte, doch nur dem Lehrer, zur allgemeinen Durchsicht vorgewiesen.

3) In einem Hefte hat der Schüler eine Anzahl Rechnungen, die sich auf die gegenwärtigen Verhältnisse der Landwirthschaft, Frucht= und Holzpreise, Arbeitslöhne u. dgl. beziehen, auszuarbeiten, und von Zeit zu Zeit zur Einsicht vorzulegen. Das Mehr oder Minder dieser Leistungen läßt sich nun freilich nicht genau bestimmen; hingegen bezeichnet das Schulgesetz ein Minimum, und zur Leistung dessen ist der Schüler verpflichtet.

III. Abschnitt.

Schule des bürgerlichen Alters.

Die Schule des bürgerlichen Alters ist ein freies Bildungsinstitut für Alle, welche das 18te Lebensjahr zurückgelegt haben. Die Theilnahme ist durchaus dem Willen der Erwachsenen heimgestellt: die Schule bietet die nöthigen Veranstaltungen und Mittel dar, und sucht zur Theilnahme anzuregen. Die Veranstaltungen beziehen sich hauptsächlich auf gemeinsame Belehrungen, Unterhaltungen und Berathungen; die Lehrmittel insbesondere sollen die Fortbildung im häuslichen Kreise, in der Familie befördern.

Es wird dafür gesorgt, daß wöchentlich einmal eine Vereinigung Statt findet, und daß die Versammelten durch Vorlesungen belehrt und zu Besprechungen angeregt werden. Der Stoff bezieht sich hauptsächlich auf die Gegenwart. In erster Reihe werden neue Gesetze und Verordnungen mitgetheilt, erklärt, erörtert; es werden wichtige Unternehmungen beachtet, und das Nachdenken darüber geweckt. Neue Erfindungen und Entdeckungen, wichtige

Vorgänge in der Tagesgeschichte, interessante Darstellungen aus der Natur- und Erdkunde: Alles dies bietet fortlaufend neue Quellen, aus welchen reichlicher Stoff zur belehrenden Unterhaltung fließt. Anderseits wird dafür gesorgt, daß regelmäßig jeden Monat eine Volksschrift von etwa 32 Druckseiten in jede Familie gratis abgeliefert wird. Diese Volksschrift enthält: 1) Erzählungen größern Umfanges, größtentheils moralischen Inhalts, andere jedoch auch ermunternder heiterer Art. 2) Einen Auszug der fortschreitenden Gesetzgebung mit angemessener Erläuterung. 3) Nachrichten über Landwirthschaft, Handel und Gewerbe; Vorschläge zu verbesserten Einrichtungen u. s. f.

Dieß wäre nun der Grundriß einer vollständig organisirten Volksschule mit Beziehung auf die drei Lebensalter. Daß nur durch eine solche Organisation dem in der Frage angedeuteten Uebelstande gründlich und ausreichend abgeholfen werden kann, das möchte kaum zu bestreiten sein; da ich indessen voraussehe, man werde mir die Hindernisse, welche einer solchen Organisation im Wege stehen, als unüberwindlich vorstellen, so muß ich im nächsten Abschnitt diese Schwierigkeiten ins Auge fassen, und ich hoffe, daß es mir gelinge, durch nähere Erläuterung einzelner Punkte die Furcht vor diesen Schwierigkeiten zu zerstreuen.

IV. Abschnitt.

Erörterung der Schwierigkeiten, welche der Organisation der vollständigen Volksschule im Wege stehen, und einläßliche Erläuterung einzelner wichtiger Punkte.

Der erste Einwurf wird sich wohl auf den Mangel an Zeit beziehen.

Was nun die Schule der Kindheit betrifft, so fällt der Einwurf weg, denn fast durch ganz Deutschland ist bereits das Alter zwischen dem 6ten und 14ten Lebensjahre als Schulzeit angenommen. Für die Schule der mittlern Jugend, für welche wöchentlich 3 Stunden angesprochen werden, ließe sich, theilweise wenigstens, die Zeit aus der bereits in den meisten Ländern eingerichteten Sonntagsschule ermitteln. Ich möchte aber einer Verlegung auf den Sonntag keineswegs das Wort reden. Der Besuch der Schule für die mittlere Jugend soll obligatorisch sein; aber diejenige Menschenklasse, die 6 Tage in der Woche gearbeitet hat, soll am siebenten zu keinem Werke verpflichtet werden. Es kommt auch bei Sonntagsschulen nicht viel heraus. Der Morgen und Vormittag soll der kirchlichen oder häuslichen religiösen Erbauung angehören. Ueberdieß sind in den meisten Dörfern diejenigen Altersgenossen, für welche die Schule der mittlern Jugend bestimmt ist, noch zum Besuche der Christenlehre verbunden — und dann ist es nicht mehr als billig, daß sie die übrigen Stunden zum Genuß in der Natur oder Gesellschaft frei haben.

Mein Vorschlag ist folgender: In einem Nachmittag unter der Woche wird die Kinderschule eingestellt, etwa Mittwoch Nachmittags. Es bleiben also auch die 10 — 14jährigen stärkern Knaben und Mädchen zu Hause, und dann von 2 — 5 Uhr versammeln sich die Jünglinge und Jungfrauen zwischen dem 14. und 18. Alterjahre in der Schule, ausgenommen die Zeit, da die wichtigsten Feldgeschäfte Statt finden, etwa Heu= und Fruchternte, Weinlese u. s. w., da dann Ferien sind. Nur eine allzu große Aengstlichkeit, eine weiberhafte Häuslichkeit könnte besorgen, daß diese drei wöchentlichen Stunden dem Hauswesen, dem Feldbau, dem Gewerbe allzu großen Schaden bringen würden. Gerade in die Zeit zwischen 2 und 5 Uhr fällt kein wichtiges Geschäft. Kochen, Viehfüttern u. s. w. geschieht vor oder nachher. Ueberdies bieten die daheim bleibenden 10 — 14jährigen Knaben und Mädchen einen Ersatz, indem sie in manchen Arbeiten an die Stellen der Jünglinge und Jungfrauen treten. Am meisten Anstoß dürfte es finden, wenn Dienstboten und Gesellen zu jenen

3 Stunden verpflichtet würden. Gerade dieser Klasse sollten wir diese Vergünstigung am ehesten wünschen, sie, die durchs ganze Jahr, durchs ganze Leben mit dem Drucke irdischer Last und Arbeit beschwert ist. Wir pochen viel auf unser Christenthum, sind aber gar oft fern von christlicher Nächstenliebe; wir schelten die heidnische Sklaverei, und sind gegen Dienstboten oft härter, als Griechen und Römer gegen ihre Sklaven waren. Die Meister, welche etwa ihrem Lehrjungen jene drei wöchentlichen Stunden abkargen wollen, mögen nur überhaupt ihre Meisterpflicht besser beachten, und nicht den Lehrjungen oft vom Anfange der Lehrjahre bis zu deren Ende mit solchen leichten Arbeitsanfätigen beschäftigen, bei denen wohl der Meister seinen Gewinn findet, der Lehrjunge aber keine Fortschritte macht. Und die Gesellen, die etwa wegen jener drei Stunden um einen Ausfall am Verdienste klagen, mögen nur ihre nichtswürdigen Blaumontagsspektakel unterlassen, so wird ihnen an Geld und Gesundheit nur Nutzen entsprießen. Christliche Regenten und Staatsmänner, die so viel für die Kinderschule thun, sollten ihr Augenmerk ganz besonders darauf richten, daß die untern Volksklassen bis zum Alter bürgerlicher Mündigkeit einigermaßen fortgebildet würden. Wie „Freiheit und Gleichheit“ zusammen eine unsinnige verderbenschwere Phrase ist, so widerspricht eine bloß materielle Benutzung der Mitchristen, gleich geschäftigen Hausthieren, schon jedem Begriff von Humanität und noch mehr dem Sinne des Christenthums. Wie machten es denn unsere katholischen Voreltern bei ihren vielen Feiertagen, an welchen auch Gesinde und Zugvieh ruheten?

Daß die Sache ausführbar sei, unterliegt keinem Zweifel, und wo böser Wille unnöthige Hindernisse bereitet, da mögen die Behörden thun, was Gesetze und Pflicht gebiet. Für Eltern und Herrschaften wird die Sache nicht nur keinen Schaden bringen, sondern die moralische und intellektuelle Wirkung, welche die Schule auf die mittlere Jugend äußert, wird in mancher Hinsicht den Ausfall vielfach ersetzen, den jene 3 wöchentlichen Stunden etwa herbeiführen sollten.

Die Zeit der Schule für das bürgerliche Alter würde ich auf die ersten Stunden des sonntäglichen Nachmittags verlegen; denn hier ist der Besuch kein obligatorischer, sondern ein freier. Wenn man als einen Fortschritt im Kirchenwesen aufs dringlichste wünschen muß, daß in den ersten nachmittäglichen Stunden des Sonntags ein zweckmäßiger Jugendgottesdienst, der auch die katechetische Christenlehre mit einschlösse, eingerichtet werde, so dürfte gerade während dieser Zeit das selbständige Alter sich am geeignetsten freiwillig in der Schule versammeln, und wenn auch nur vorzugsweise die Männer an der Sache Theil nehmen.

Man wird hier einwenden, es fehle den Erwachsenen meistens an Empfänglichkeit, die Schule würde an manchen Orten nur spärlich oder vielleicht gar nicht besucht werden. Und wenn dies auch hie und da der Fall wäre, besonders in den nächsten Jahren, bis eine bildungsliebende Generation nachwüchse, so hätte das nicht so viel zu bedeuten. Ich kenne manche Kirche, die jahrelang wenig und fast gar nicht besucht wurde, man hat sie deßwegen nicht geschlossen. Das ist einmal das Erste und Nothwendigste, daß eine Veranstaltung zur Fortbildung getroffen sei, daß Demjenigen, welcher Trieb zur Weiterbildung hat, eine Gelegenheit dargeboten sei, ihn zu befriedigen. Uebrigens ist die Theilnahme so gar zweifelhaft nicht. In jedem Dörfchen findet man jüngere und ältere Männer von reger Wißbegierde, von offenem Verstande und Herzen, die sich gewiß mit Freude an den Ort begeben würden, wo sie nach der Last und Hitze der Wochenarbeit geistige Stärkung, Belehrung und Unterhaltung fänden. Und sind es auch nur diese Bessern; ihre Einwirkung auf die Andern würde nur desto größer und sicherer sein, und so die Schule für das bürgerliche Alter doch einen heilsamen Einfluß auf die ganze Gemeinde üben.

Eine zweite bedenkliche Hinweisung geht ohne Zweifel auf

das Lehrperfonal, indeffen fcheinen auch hier die Hinderniffe keineswegs fehr bedeutend. Die Schule für die Kindheit und ebenso
die für die mittlere Jugend führt der Lehrer, und ich wüßte nicht,
welche Einfprgche hier erhoben werden könnte. Bei der Schule
für das bürgerliche Alter kann die leitende Theilnahme des Lehrers einige Schwierigkeiten haben; da er als Kirchendiener ver-
bindlich fein dürfte, dem nachmittäglichen Gottesdienste beizuwoh-
nen. In größern Dörfern, und es find ja deren als Schulorte
fehr viele, find aber meiftens 2 oder gar 3 Lehrer angeftellt, oft
auch 2 Geiftliche. Da würde es fich denn fo einrichten laffen,
daß der ältere Lehrer oder vielleicht auch einer der Geiftlichen
die leitende Stellung übernähme. Ueberdies aber finden fich in
jedem Orte einzelne Männer, vorragend an Geift, Kenntniffen
und Liebe für Bildung z. B. Aerzte, Ortsvorfteher und oft auch
Handwerker und Landwirthe. Diefe würden es fich wohl ab-
wechfelnd gerne zur Pflicht machen, aus dem vorhandenen Stoffe
vorzulefen, Befprechungen über wichtigere Gegenftände einzulei-
ten, Andere zu Mittheilungen zu ermuntern u. f. f. Es handelte
fich ja hier nicht um gelehrte Vorträge und Vorlefungen, nicht
um eine in gefetzliche Formen gezwängte Diskuffion, fondern nur
um belehrende, bildende Unterhaltung, für deren Stoff jedenfalls
geforgt ift. — Befehlend, verpflichtend könnten hier die Behörden
freilich nicht einfchreiten; wohl aber ermunternd durch Belobung
von höherer Stelle, vielleicht auch durch kleine Bücherprämien.
Zur Erleichterung könnten befondere Anleitungen für nützliche
Führung diefer Schulen herauskommen; das Wefentlichfte aber,
was von Seite der Behörde oder durch Vereine gethan werden
müßte, das wäre die Auswahl und Herausgabe eines geeigneten
Stoffes. Ueber diefen Punkt muß ich mich ins befondere ein-
läßlich ausfprechen.

Bei der offenkundigen Thatfache, daß feit einem halben Jahr-
hundert faft alle Wiffenschaften in Volksbüchern bearbeitet worden
find, dürfte es unbefcheiden und ungerecht fcheinen, wenn man

behaupten wollte, es sei für die Bildung des Volkes in dieser
Hinsicht nicht alles Erforderliche gethan worden. Dennoch muß
ich diese Behauptung aufnehmen, und sie wird schon dadurch
gerechtfertigt, daß in den eigentlichen Volksschichten unter den
niedern Handwerkern, Dienstleuten u. s. f. von all jenen sogenannten Volksbüchern wenige oder keines angetroffen werden. Ich
wollte nur einmal mit Denjenigen, die dieß bezweifeln, ein deut-
sches Dorf durchwandeln, und von Haus zu Haus Bücherschau
mit ihnen halten, meine Behauptung würde schlagend sich er-
wahren. Wenn ich auch zugebe, daß bei Vielen die Bücheröde
davon herkomme, daß ihnen entweder die nöthige Sprachbildung zum Bücherverständniß mangle, daß sie weder Lust noch
Bedürfniß zum Lesen haben; so muß man mir anderseits auch
freie Erörterung gestatten über die Ansicht, daß die meisten sogenannten Volksbücher nach Inhalt und Edition keineswegs geeignet sind, Eingang beim eigentlichen Volke zu finden. Hierüber die
wesentlichsten Aufschlüsse.

Wir treten in eine solche Volksbibliothek und sehen uns
um. In oberster Reihe erblicken wir die Schriften, welche vorzugsweise belehrenden Inhaltes sind: Neben dem alten Raff steht
Baumann's Naturgeschichte, Bredow neben Rotteck, Poppe
neben Helmuth, und dort weiter sogar Oken's Naturgeschichte,
„für alle Stände" (!) u. s. f. Der alte Bredow in seinen aus-
führlichen Erzählungen aus der Weltgeschichte ist wohl unter
allen diesen das beste Volksbuch zu nennen. Man lese aber in
diesem die Einleitung, und sage, ob das auch Text für ein Volksbuch sei. Von Poppe, Oken, Rotteck wollen wir in diesem
Sinne gar nicht reden, und der fabulirende Raff wäre dem
Volke sorgar noch lieber, als der systematisirende und philoso-
phirende Baumann. Also hier ist für die Volksmasse nicht viel zu
finden.

In zweiter Reihe stehen die vorzugsweise unterhaltenden
Schriften. Voran Campe mit seinem Robinson, Kolumbus; ferner

Salzmann's Karlsberg und schwarzer Peter; nun eine Reihe von
Zschokke: das Goldmacherdorf, die Branntweinpest; hier drei
Bände schweizerischen Robinson's von Wyß; dann eine lange Abtheilung von Schmid'scher Schriften, Genovefa, Ostereier, Hein-
rich von Eichenfels, Fridolin und Dietrich, Josophat und Blu-
menkörblein ꝛc. Pestalozzi's Gertrud und Lienhard, Probst's Neu-
dörfer, und endlich in neuster Ausgabe die ältesten Volksbücher,
als da sind: Till Eulenspiegel, Haimonskinder, Oktavianus, For-
tunatus, Melusina und der Ritter Peter, Hirlande und Ida von
Toggenburg, der gehörnte Siegfried, die sieben weisen Meister
und die sieben Schwaben u. s. f., nebenbei auch Münchhausen
und der Rheinische Hausfreund; die Löwenritter und der Dom-
schütz, und zuletzt noch besondere Sachen von Klauren. Da
hätten wir denn ein weites, wohlangebautes Feld. Ja wohl!
nur schade, daß manches Gute nicht interessirt, und Manches,
was interessirt, nicht gut ist. So hat Campe seine Schriften,
die jedenfalls noch zu den bessern gehören, durch erzlangweilige
didaktische Dialogen Vielen ungenießbar gemacht. Schmid, der
Vielgerühmte, geht in seinen neuern Schriften zu häufig in den
Predigtton über, und verliert sich in unnatürlichen Idyllen. Wir
wollen nur das nächste beste seiner Bücher aufschlagen, z. B.
hier Fridolin und Dietrich. Da sitzt der gute Fridolin, der
siebenjährige Knabe, armer, in einer ganz abgelegenen Waldge-
gend wohnender Eltern im Walde, und philosophirt also: „Ich
„denke, mir schmeckt's so gut, als dem Könige. Freilich ist meine
„Tafel nicht so prächtig, was ich auch nicht verlangen kann;
„allein sie ist doch auch nicht zu verachten. Anstatt eines weißen
„Tischtuches ist das meinige hübsch grün; es ist so fein und zart
„wie Sammet, und mit schönen goldgelben und himmelblauen
„Blümchen gestickt, dergleichen keine Stickerinn zu Stande brin-
„gen kann. Mein Konfekt, sagte er, indem er auf seine Erd-
„beeren blickte, ist von einem viel größern Meister zubereitet,
„als dem Zuckerbäcker in der Stadt, von dem lieben Gott selbst.

„Anstatt der Heiducken und Leibgarden stehen die Bäume um-
„her — und ihr, ihr lieben kleinen Vögelein da droben auf den
„grünen Aesten, machet mir liebliche Tafelmusik noch obendrein
„umsonst."

Ich frage: Ist das natürlich? Ist es möglich, daß ein solcher Knabe so spräche? Und hätte er nur einmal Konfekt ge-
schmeckt, Heiducken und Leibgarden gesehen und Tafelmusik gehört
— gewiß er hätte Erdbeeren und Bäume und Vögel — die ihm
bekannten Gegenstände, darüber undankbar vergessen.

Sowie hier der Inhalt, ist anderwärts die Form verfehlt.
Der schweizerische Robinson z. B. hat verwickelte Phrasen über
ganze Seiten herunter, ob welchen dem Volke Athem und Verstand ausgeht. Man weist mich auf das gepriesene Meisterwerk
Pestalozzi's, und ich bezeuge meine Ehrfurcht; muß aber doch
sagen, daß gerade dieses Buch am allerwenigsten als Volksbuch gewirkt hat. Fürsten und Beamte und Philosophen haben dasselbe
mit Belehrung und Unterhaltung gelesen; aber das gemeine Volk
keineswegs. „Ei, sagte mir einmal ein sonst aufgeweckter Bauer,
„was soll ich denn das Ding noch lesen, das ist ja gar nichts
„Besonderes; dergleichen sieht und hört man ja alle Tage an
„allen Orten. Und der Arner; ach der ist übertrieben gut, so
„kann es keinen Herrn geben." — Zschokke erzählt faßlich und
anziehend, fehlt aber auch darin, daß er in seinen Erzählungen
häufig übertreibt, im Guten, wie im Bösen. Ob die Herausgabe der alten Volksschriften zeitgemäß sei, will ich nicht gerade
verneinen, muß es aber in hohem Grade bezweifeln. Wenigstens
hat man dadurch unsern Bildungsfortschritten kein großes Kom-
pliment gemacht, daß man wiederum die derben und wüsten Späße
Eulenspiegels als die geeignetste Lektüre für unser Volk anem-
pfahl. Mir scheint es, über solche Dinge sollte uns die vielgerühmte Volksschule doch hinausgeführt haben, und Manches in
diesen Schriften widerspricht so ganz unsern Sitten, Einrichtungen und geselligen Verhältnissen überhaupt, so daß mir wenigstens

unbegreiflich wird, wie man gerade für das Volk diese Schriften herausgeben wollte. Ich weiß wohl, wie sie vom historischen und poetischen Standpunkte aus viel Vergnügen gewähren können; aber man sollte doch einsehen, daß für die wörtliche Auffassung unser Volk nicht mehr roh und kindlich genug sei, und für die höhere Auffassung ihm alle Erfordernisse abgehen. — Wie man nun die Sache ansehe, so viel ist gewiß, daß an Büchern, seien sie vorherrschend belehrenden, unterhaltenden Inhalts, die nach Form und Stoff wahre Volksbücher genannt werden können, gewiß kein Ueberfluß ist, sondern sogar ein recht fühlbarer Mangel.

Ich habe auch auf die ungeeignete Edition hingewiesen, und setze hier zwei Bedingungen: erstens, höchst möglichste Wohlfeilheit und zweitens, Schriften mindern Umfangs. Der letztere Punkt ist auch an sich, nicht nur in Beziehung zum erstern, von Wichtigkeit. Das haben die Traktätchenmacher ganz gut aufgefaßt. Nicht große Bücher bringen sie dem Volke, sondern kleine Gaben, aber mit häufiger Wiederholung. So reizen sie die Leselust, so erleichtern sie dem Schwächern die Auffassung im Zusammenhange, und das ist eben höchst zweckmäßig.

Neben monatlicher Vertheilung von Broschüren ist die regelmäßige wöchentliche Haussendung eines Volksblattes von großer Wichtigkeit. Man weist mich hiebei vielleicht auf die bestehenden Zeitungen. Dies genügt jedoch keineswegs; denn ich spreche von einem Wochenblatte, das als förmliches Lehrmittel der vollständigen Volksschule gelten soll. — Hier kann es nicht dem Zufall überlassen bleiben, wie ein solches Blatt redigirt werde; ob dasselbe ein bloßes Parteiblatt sei, ob es nur darauf berechnet wird, durch pikante Personal- und Lokalartikel die Neugierde aufzustacheln, oder Stoff zu Klatschereien zu liefern, um so die Abonnentenzahl zu vermehren, und was dergleichen Publizistenabsichten alle sind. Wenn ein Wochenblatt als Bildungsmittel gelten sollte, müßte es vor Allem den Bildungszweck und die Bildungsstufe seiner Leser ins Auge fassen und nach Bildungs-

5

prinzipien durchweg und fortlaufend abgefaßt sein, ebenso ferne von politischer Kannegießerei, als bloßer Neuigkeitskrämerei. Würden die Summen und Kräfte, welche häufig auf eine unzureichende Censur verwendet werden, zur Gründung und Führung eines bildenden Volksblattes verwendet, das als Lehrmittel der Volksschule für die mittlere Jugend unentgeltlich, für andere Leser um den allerwohlfeilsten Preis verbreitet würde; ganz gewiß würde man auf diesem positiven Wege ein glücklicheres Resultat erzielen, als auf jenem negativen, in dessen Wesen schon die Keime zur Widersetzlichkeit und zur Begierde nach dem Verbotenen liegen. Der wohlthätige Einfluß, den auf diesem Wege Fürsten, Regierungen und wissenschaftliche Vereine sowol durch Verbreitung wahrer Volksbücher als auch bildender Zeitschriften auf das Volk üben könnten, ist bis jetzt wohl nicht genug erwogen worden, sonst bliebe nicht fast Alles dem Zufalle überlassen, und ich komme hier zu einem neuen Punkte bei der Beantwortung der vorliegenden Frage. In jedem kleinen Staate, sowie in jeder Provinz eines größern Staates sollte eine Zentralanstalt für die Herausgabe der Lehrmittel für die Volksschule, worunter wir auch die Volksbücher und Volksblätter verstehen, errichtet sein. Die Wirksamkeit derselben müßte dem Lehrplan der vollständigen Volksschule entsprechen: Alles nach bestimmten Bildungsprinzipien in fester Einheit nach dem vorgesetzten Ziele strebend. Der Staat unterstützte die Anstalt mit regelmäßigen, gesetzlichen Geldzuschüssen, und insofern diese nicht ausreichten, ständen die Freunde wahrer Volksbildung mit freiwilligen Beiträgen zu. Nachdem man über die Grundsätze und Zwecke der Lehrmittel übereingekommen, werden Männer von Kenntnissen und Fähigkeiten, unter letztere verstehen wir hauptsächlich das Talent, klar, einfach und anregend zu schreiben, vorzugsweise mit der Abfassung der Bildungsschriften beauftragt; jede einzelne Arbeit unterliegt der Prüfung und Genehmigung der ganzen Genossenschaft (Verein, Kollegium). Für die periodische Versendung der Volksbücher und Wochenschriften sorgt eine geordnete Expedition, die wieder ihre Bureaux in den Bezirken und in den Ortschaften hat. Jeder Genosse der Schule für die mittlere Jugend empfängt wöchentlich sein Freiexemplar des Volksblattes, jede Familie von Monat zu Monat ein Volksbuch kleinern Umfanges und jede Schule der 2 und 3ten Stufe jährlich ein Buch zu Vorlesungen; und diese Schriften bleiben Eigenthum des Einzelnen und der Familie und der Schule; Hin- und Hersendungen würden die Sache nur verwickeln und die Fortwirkung durch wiederholtes Lesen verhindern, wie denn auch von diesem Leserkreis nicht gefordert werden kann, daß gerade in einem bestimmten Zeitpunkte oder kürzern Zeitraum gelesen werden müsse.

Für die Ermittelung des Stoffes zu den Lehrmitteln der Kinderschule, die einmal geschaffen, für mehrere Jahre gültig sind, möchte es zweckmäßig sein, nach festgestelltem Lehrplan, nach der Ausscheidung und Begränzung der Fächer hinsichtlich ihres Umfanges und ihrer Bedeutung, daß die einzelnen Schulbücher und andern Lehrmittel als Preisaufgaben ausgeschrieben würden, und die Auswahl dann von einer Kommission kompetenter Schulmänner geschehe, worauf die Genehmigung höhern Ortes und die gesetzliche Einführung folgte. Inhaltsbeiträge für die Volksbücher und Volksblätter würden dankbar von Schriftstellern angenommen, aber durchaus unerläßlich wäre eine Anzahl besoldeter und verantwortlicher Schriftsteller, welche hinreichende Garantie für die sichere und zweckmäßige Fortführung der Aufgabe darböten, — Es sollte mir nicht auffallen, wenn man mir die großen Kosten eines solchen Institutes als ein unübersteigliches Hinderniß gegen die Errichtung desselben entgegen halten wird. Darum muß ich es versuchen, eine annähernde Berechnung hier vorzulegen.

Was zunächst die Schulbücher der I. Stufe (die Kinderschule) betrifft, so fällt hier die Beschwerde nicht nur ganz weg, sondern die pekuniäre Erleichterung der Schulgenossen springt in die Augen. Der Ankauf dieser Schulbücher liegt jetzt den Eltern oder der

Armenkaffe ob; dieß soll auch ferner geschehen. Aber es muß eine außerordentliche Preisermäßigung eintreten, wenn ein Zentralschulbücherverlag errichtet wird, der unter besonderer Aufsicht steht: Die Schulen bleiben bewahrt vor Buchhändler- und Schriftsteller-Spekulationen, vor unzeitigem Wechsel und den oft unüberlegten Launen und Einflüssen einzelner Schulbeamten. Auf dieser Stufe also ist durchaus kein Hinderniß.

Auf der II. Stufe (mittlere Jugend) soll jeder Schüler gratis ein Wochenblatt erhalten, etwa von vier Quartseiten. Setzen wir nun einmal eine Provinz von 200,000 Seelen; hievon kommen etwa auf die 4 Altersjahre zwischen dem 14. und 18. ungefähr $1/_{12} = 16000$. Die Anzahl mochte sich durch Abzug der Jünglinge und Jungfrauen, welche noch weitern regelmäßigen Unterricht in anderseitigen Lehranstalten genießen (Sekundarschulen, Realschulen, Privatinstitute, Lehrerseminarien, Gymnasien u. s. f.), auf 15000 reduziren. Die Kosten von so viel Exemplaren, Papier Satz und Druck, werden von einem einsichtigen Geschäftsmanne auf 4000 fl. jährlich berechnet. Setzen wir noch 1000 fl. für die Redaktion und erste Expedition, so wäre das Ganze 5000 fl. — Rücksichtlich der Expedition bemerke ich noch, daß die Postämter die Sendung an den Bezirkshauptort gratis übernehmen, und die amtlichen Boten ebenso für die einzelnen Ortschaften, in diesen aber versendet sie der Schullehrer durch die Schulkinder an die einzelnen Leser.

Es sollte doch kaum, nach allen diesen faktischen Darlegungen, noch an der Ausführbarkeit dieses Zweiges der allgemeinen Volksschule gezweifelt werden, und wenn man betrachtet, welche Einwirkung der Staat auf die Jugend, auf die Richtung ihrer Gesinnungen und Ansichten erhält, so sollte für einen Staat oder eine Provinz von 200,000 Seelen die jährliche Summe von 5000 fl. nicht zu hoch scheinen.

Das Bildungsmittel für die III. Stufe, die Familie, also geeignete Volksbücher, würde in monatlichen Heften, jedes zu 2 Oktavdruckbogen, versendet. Rechnen wir 20,000 Familien und bei dieser großen Auflage 24 Bogen zu ⅕ fl., so würden wir wiederum für die Volksbücher die Summe von etwa 5000 fl. bedürfen. Was also ein Staat oder eine Provinz von 200,000 Einwohnern für die Vervollständigung der allgemeinen Volksschule jährlich thun müßte, das wäre an Geldbeiträgen die Aussetzung von 10,000 fl.

Finden aber unsere Staatsfinanzmänner auch diese Summe zu hoch, so eröffne man eine Subskription unter allen Freunden der Volksbildung. Es sollte mich doch wundern, wenn unter den 200,000 Einwohnern nicht 2000 wären, die jährlich 1 fl., und 4000, die jährlich ½ fl. und 5000 die ¼ fl. unterzeichneten; vielleicht treten auch einzelne edle und reiche Familien mit besondern Beiträgen hinzu, und so ließe sich auch auf diesem Wege die Summe ermitteln. Wo indessen das Interesse des Staates und des Volkes 'n so hohem Grade betheiligt ist, da sollte die Staatskasse nicht verschlossen bleiben.

Noch bleibt uns die Sorge für die Anschaffung eines Buches u Vorlesungen in der Schule, theils für die II. Stufe, theils ür die III. Stufe. Ein solches Buch, ein ordentlicher Band für edes Jahr, dürfte für jede Schulgemeinde eine jährliche Ausgabe von 2—3 fl. erfordern, und diese wird aus der Schul= oder Gemeindskasse bestritten.

So hätten wir nun Mittel und Wege gefunden, die wichtigsten Bedürfnisse der II. und III. Schulstufe ohne große pekuniäre Opfer zu befriedigen. Es muß Jedem einleuchten, daß nur Wille und Thätigkeit erforderlich ist, um den Plan ins Leben zu rufen.

Einzelne Schwierigkeiten werden allerdings noch in manchem Punkte sich zeigen, aber gewiß keine der Art, welche die Ausführung zweifelhaft machen sollten. Nochmals auf das Pekuniäre zurückschauend, so könnte man das Blatt für die mittlere Jugend, statt wöchentlich, nur von zwei zu zwei Wochen erscheinen lassen;

ſtatt jedem Einzelnen ein Exemplar, je zwei und zwei Leſern eines
zuſenden, wodurch die Koſten von etwa 5000 fl. auf 2000 herab-
geſetzt würde. Ich müßte aber beſtimmt ausſprechen, daß dieſe Geld-
erſparniß dem Zwecke in hohem Grade nachtheilig wäre. Gerade dadurch, daß das Blatt jede Woche erſcheint, erhält es die Leſeluſt und
Leſethätigkeit in rechter Anregung; und gerade dadurch, daß jeder
Einzelne ein eigenes Exemplar erhält, das ihm bleibend zugehört,
und das er im günſtigen Zeitpunkte leſen kann, wird er das Blatt
um ſo eher ſchätzen und benutzen.

Bedenken doch die Gelehrten, welche Summen ſeit Jahr-
hunderten für ihre öffentlichen Anſtalten ſchon gefloſſen ſind und
noch fließen! Machen wir endlich die große Erfindung der Buch-
druckerkunſt zu einem Gemeingute des Volkes und überlaſſen wir
es nicht ferner dem Zufall, ob dieſe Erfindung für die zahlreichen
untern Volksklaſſen gar keinen Segen bringen, oder ſogar noch
in größerm Maße Verderbliches für ſie daraus entſpringe!!

V. Abſchnitt.

Vorſchläge zur Verbeſſerung der beſtehenden Volksſchule, in ſofern die Organiſation der vollſtändigen als
unausführbar angeſehen würde.

Sollte ich bei Beantwortung der Frage auf die jetzige,
nach meiner Anſicht nur ſtückweiſe organiſirten Volksſchule
beſchränkt werden, und die Errichtung der vollſtändigen Volksſchule, als eine unerreichbare Inſtitution, nicht in Betracht
genommen werden, ſo müßte ich nachſtehende Vorſchläge zur
Verminderung der in der Frage als faktiſch aufgenommenen
großen Uebelſtände in Antrag bringen. Ich ſage zur Verminderung; denn die wirkliche Aufhebung der Uebelſtände ſcheint mir
einzig und allein durch die Organiſation der vollſtändigen Volksſchule möglich.

1) Die Schullehrerseminarien müssen aus der Reihe allgemeiner Unterrichtsanstalten zu eigentlichen Berufsbildungsinstituten erhoben werden.

Es soll sich nicht mehr fast ausschließlich um die Aneignung verschiedener Kenntnisse und Fertigkeiten handeln, sondern hauptsächlich um Bildung für den Beruf des erziehenden Lehrers. Die Hauptaufgabe der Seminardirektoren sei vor Allem aus, eine wahrhaft christliche Gesinnung in den Zöglingen lebendig zu machen und ihnen einen edeln Charakter anzueignen, so daß sie Weihe und Würde zum Lehrstand in sich vereinigen. Ein vorzüglicher Gegenstand des Studiums der künftigen Lehrer sei die Natur und Bestimmung des Menschen, sowol in Hinsicht auf das Ewige, als auf das Irdische. — Musterschulen im wahren Sinne des Wortes seien als wesentliche Bestandtheile des Seminars unter Berücksichtigung aller Bedürfnisse eingerichtet. In diesen Musterschulen haben die Seminarlehrer wahrhafte Musterlektionen in allen Fächern der Volksschule vorzunehmen. Die Seminaristen sind dabei zuerst als Beobachtende gegenwärtig, und später treten sie unter Aufsicht und Leitung der Seminarlehrer als angehende Dozenten auf.

Die verschiedenen Abtheilungen der Musterschulen müssen ein möglichst vollkommenes Vorbild von Stadtschulen und Landschulen unter einem und mehrern Lehrern darstellen. Hier müssen die Seminaristen nach einem zweckmäßigen Lehrplan verfahren lernen, hier die richtige Vertheilung des Lehrstoffes und der Lehrzeit wahrnehmen, hier im Gebrauch der Lehrmittel geübt werden, und nicht allein das Wissen und Können in diesen oder jenen Fächern und Fertigkeiten, sondern die Erprobtheit der Gesinnung und des Charakters und die Bewährung der nöthigen Geschicklichkeit und Gewandtheit im Lehrgeschäfte: diese Anforderungen sollen entscheiden bei der Befähigung des abgehenden Zöglings. — Nur unter solchen Bedingungen dürfen wir hoffen, daß nicht hunderte von Kindern jahrelang unter den Händen von jungen Leuten bleiben, denen gerade das fehlt, was am ersten nothwendig ist: Würdigkeit und Tüchtigkeit für den Lehrerberuf. Nur unter solchen Bedingungen können die Schulen vor dem Uebel bewahrt bleiben, daß Unzweckmäßiges, Halbes, Oberflächliches in ungeschickter Weise getrieben werde, woraus eben die traurige Folge kommt, daß die Kinder das Erlernte wieder vergessen, „sobald und nachdem sie die Schule verlassen haben."

2) Ermittlung eines allgemeinen Lehrplanes; Abfassung der demselben entsprechenden Lehrmittel; zweckmäßige, dem Entwicklungsgange des Menschen angemessene Vertheilung des Lehrstoffes auf die verschiedenen Stufen und unter Berücksichtigung der Schulzeit.

Es ist im Vereine der deutschen Schulmänner und Philologen die Frage erörtert worden, ob nicht ein allgemeiner Lehrplan für die höhern Schulen Deutschlands wünschbar wäre. Die Frage wurde von einem berühmten Gelehrten nnd Schulorganisator verneint. Wir stimmen diesem Urtheil mit Bezug auf die gelehrten Schulen vollkommen bei. Dort sei freies wissenschaftliches Leben und Streben, das bei aller Mannigfaltigkeit von Lehrmitteln und Methoden dennoch seiner Einheit nicht ermangeln wird. Große, ausgebildete Geister bezeichnen dort Bahn und Ziel, und die allgemeinen Gesetze, welche in der gelehrten Welt bereits allgemeine Anerkennung gefunden haben, werden vor Abirrung und Versäumniß bewahren, — dort gilt allerdings der Paulinische Spruch: „Prüfet Alles und das Beste behaltet"; aber anders verhält sich die Sache in der Volksschule. Da kann es durchaus nicht jedem Lehrer, jeder Schulvorsteherschaft überlassen werden, zu wählen und zu bestimmen, welche Fächer gelehrt werden sollen und was und wie viel aus jedem einzelnen; welche Lehrmittel, welche Methode am zweckmäßigsten seien; wie der Lehrstoff zu vertheilen und der Unterricht stufenweise zu ordnen sei. Dieß Alles, behaupte ich, kann in der

Volksschule nicht dem Lehrer und der Schulvorsteherschaft über=
lassen werden, sondern hier ist eine höhere Kraft nöthig, die
ordnend und bestimmend einschreitet, damit die Schule nicht durch
einseitige, beschränkte Ansichten ihrem allgemeinen Zwecke entrückt,
damit sie nicht der Schauplatz planloser Experimente, blinden
Herumtappens und besondern Liebhabereien, oder der bequeme
Sitz trägen Schlendrians werde oder bleibe.

Ich bin weit entfernt, die Volksschullehrer geringe zu achten;
im Gegentheil, ich würde nach all meinen Kräften dazu mitwirken,
daß dieselben in eine würdigere, minder gedrückte Stellung erhoben
werden. Ich nehme aber das Personal, wie es nun seiner Mehr=
zahl nach einmal ist, und ohne ganz andern Bildungsgang noch
lange bleiben wird.

Der wesentlichste Punkt bei dieser hochwichtigen Aufgabe
ist die Hervorhebung des wahrhaft Bildenden und Nothwendigen,
die Minderung und Beschränkung des bloß Nützlichen und die
gänzliche Ausscheidung dessen, was überflüssiger Tand und eitler
Schein ist.

Was das Gemüth veredelt, den Geist bildet, das gewährt
bleibenden Bildungsgewinn; mögen Formen und Worte verblei=
chen, der innere, wahre Gehalt ist unverlierbar. Indem wir
nun zum Voraus Religiösität und Sittlichkeit als die höchsten
Ergebnisse der Schule bezeichnen, so stellen wir den Unterricht
in der Muttersprache als den wichtigsten Lehrgegenstand allen
übrigen voran. Die Pestalozzische Trias: Wort, Zahl und
Form — wie sinnvoll sie auch erscheint, hat auf Irrwege geleitet:
Zahl und Form können nicht als gleichberechtigte Gegenstände
neben der Sprache stehen, und die Irrwege würden noch mannig=
faltiger und verworrner, als im Geiste des Basedow'schen Philan=
thropismus der Inbegriff aller Realwissenschaften (Naturkunde,
Erdkunde, Geschichte ꝛc.) und zudem noch die sogenannten Kunst=
fächer (Kalligraphie, Zeichnen, Singen), als gleichberechtigt
neben jene Trias gestellt wurden. Man sprach von einer har=

monischen Ausbildung aller Anlagen und Kräfte; man lernte so vielerlei Oberflächliches, daß selbst das Einfache, was die ältere Schule leistete: Lesen, Schreiben und Katechismuskunde, nicht mehr tüchtig eingeübt war.

Wenn ich oben, und wohl ohne Bestreitung zu erfahren, Religiösität und Sittlichkeit als die höchsten Erstrebnisse der Schule bezeichnet habe, so muß sich zugleich ganz klar herausstellen, daß die Sprachlehre ein weit wichtigerer Gegenstand sei, als Zahlen= lehre und geometrische Formenlehre; denn diese stehen keineswegs in so wirksamer Beziehung zu jenen Erstrebnissen, wie die Sprache, welche neben der Verstandesbildung zugleich das eigentliche Medium zur Herzensbildung ist.

Hier muß ich mich aber gegen ein Mißverständniß verwahren; unter „Sprachlehre" ist nicht etwa Grammatik zu verstehen, son= dern der gesammte Unterricht für Sprachbildung. Auf diesen beziehen sich schon die Sinnenübungen und elementarischen Uebun= gen der Sprach= und Schreiborgane; es gehören hiezu die Uebungen im Denken, Sprechen, Schreiben, Lesen. Dabei sollte es sich von selbst verstehen, daß nicht von mechanischen Fertigkeiten als Zweck die Rede ist, sondern zunächst von einem Unterrichte, der in zweckmäßiger Steigerung die Geisteskräfte immer mehr anregt und gleichmäßig die Gemüthsanlagen veredelt.

Der formale Bildungsgewinn, der auf solchem Wege erzielt wird, ist ein bleibender, und das ist eben das Wichtigste. Aber auch im Verhältniß zum praktischen Leben, in Betracht der Nütz= lichkeit, werden in diesem Gebiete der Sprache Fähigkeiten, Kennt= nisse und Fertigkeiten erworben, die keineswegs verloren gehen, „sobald und nachdem das Kind die Schule verlassen hat". Geschärfte Sinne, klare Einsicht und geübte Denkkraft, das sind Ergebnisse, welche durchs ganze Leben hindurch fortwirken. Rezep= tive Sprachkraft, die richtig und schnell mündliche und schriftliche Mittheilungen auffaßt, hat unter allen Lebensverhältnissen große Bedeutung, sowie die Klarheit und Gewandtheit im mündlichen und schriftlichen Ausdrucke. Wenn man daher von Lehrfächern spricht, die im geselligen Leben stete Anerkennung finden, so tritt der mündliche Ausdruck als der erste und wichtigste hervor. Und gestehe man nur, gerade dieser nächstliegende Gegenstand wird insgemein noch sehr vernachläßiget, und man muß noch manchem Lehrer zurufen: „Kultivire das, was den Menschen zum Menschen macht, die Sprache; führe deinen Schüler zum richtigen und klaren Verständnisse, zum wahren und fertigen Ausdrucke." Mehr Werth, als Gedrucktes und Geschriebenes, als Lesen und Schreiben hat das lebendige Wort; ist hier sowol in rezeptiver als produktiver Richtung Tüchtiges geleistet, so hat die Schule naturgemäß der Fortbildung im geselligen Leben Bahn gebrochen. Für das Lesen ist es von großer Bedeutung, daß man einsehen lerne, wie nothwendig es wird, den Kindern in der Schule Lust und Liebe zum verständigen Lesen beizubringen; geschieht dieß durch Benutzung solcher Schulbücher, die dem kindlichen Verstande und Gemüthe zusagen, dann werden die Kinder nicht zu lesen aufhören, „sobald und nachdem sie die Schule verlassen haben,"— freilich unter der Voraussetzung, daß man auch nach dem Austritte die Anschaffung geeigneten Lehrstoffes erleichtere und befördere. Eine weitere Aufgabe des Sprachunterrichtes ist das Schreiben in seiner wahren Bedeutung, als sichtbare Bezeichnung der eigenen Gedanken durch geschriebene Worte.

Ohne eine ordentliche Fertigkeit hierin wird das Schreiben dem Schüler auch mehr eine lästige Schularbeit, denn als eine höchst anziehende, geistvergnügende Sprachkunst erscheinen. Hier, wie beim Lesen, kommt für die Erhaltung und bildende Fortübung bei einem großen Theile der Schüler darauf an, daß ihnen das Schreiben zu einer geistigen Unterhaltung beliebt werde, daß sie mit Lust und Freude schreiben. Der Schreibunterricht in der Kinderschule muß auf die freiwillige schriftliche Sprachthätigkeit hinleiten. Es muß dazu kommen, daß der junge Bauernbursche in den langen Winterabenden zu seiner geistigen Unterhaltung und

Fortbildung etwas niederschreibt, das er der Erinnerung werth hält. Ueber die Ermittlung dieses Stoffes und die Hinweisung des Schülers auf denselben habe ich mich bereits einläßlicher ausgesprochen.

Schon aus diesen und noch mehr aus andern Erörterungen in dieser Abhandlung mag es genugsam erhellen, daß ich den Sprachunterricht bei der Entwerfung des Lehrplanes ganz besonders berücksichtigt wünschte. Und wenn ich auch hier nochmals darauf hinweise, daß die Erfolge des religiösen und moralischen Unterrichtes wesentlich durch die Stufe der Sprachbildung bedingt sind — denn nur durch das Wort können die göttlichen und sittlichen Lehren als solche zum Herzen geführt werden — so dürfte es nicht mehr befremdem, daß ich die Sprache als den wichtigsten Lehrgegenstand hervorhebe und demselben die meiste Zeit und Kraft zugewiesen wissen will. Ich bestreite die Nothwendigkeit einer gründlichen Zahlenlehre keineswegs; anerkenne auch die Nützlichkeit und die bildende Wirkung der geometrischen Formenlehre; aber sie sind als formale Lehrgegenstände doch nur in der Richtung der Verstandesbildung wirksam, während die Sprache zugleich auf Verstand und Gemüth ihre Beziehungen hat. Es ist an sich wünschbar, daß in gleicher Steigerung, wie beim Sprachunterricht, die Verstandeskräfte durch Rechnen und Messen ausgebildet werden; aber eine Rücksicht ist wohl zu erwägen, und zwar die Rücksicht auf Zeit und Kraft der Schüler, und da muß die Frage entstehen: Reichen Zeit und Kraft aus, um die Bildung des Geistes durch arithmetische und geometrische Uebungen in der gleichen Steigerung und auf dieselbe Stufe fortzuführen, welche für die Sprachbildung erforderlich ist, wenn sie im spätern Leben fortwirken soll? Diese Frage wird man wohl verneinen müssen, und dann gilt der Satz: daß die Anforderungen an die Zahlenlehre und Formenlehre ermäßigt werden sollen, um für die ausreichende Sprachbildung die nöthige Zeit und Kraft zu erlangen. Wollte man die drei Fächer gleichberechtigt hinstellen, so würde man bei gesteigerten Anforderungen bloß eine oberflächliche, lückenhafte Scheinbildung erlangen, welche verloren geht, „sobald und nachdem die Kinder die Schule verlassen haben", oder man würde bei gleichmäßig verminderten Forderungen in der Sprachbildung diejenige Stufe nicht erreichen, welche eine Fort- wirkung sichert. Die schon erörterte Verschiedenheit von Wort, Zahl und Form, und die Doppelrichtung der Sprache einerseits auf intellektuelle, anderseits auf religiöse und moralische Bildung, weisen darauf hin, daß man dem Sprachunterrichte gleichmäßig in formaler und praktischer Beziehung volle Bahn öffne, während Rechnen und Messen mehr eine praktische Bedeutung erhalten.

Doch auch Rechnen und Messen können nicht als gleichbe- rechtigte Fächer stehen: das erstere Fach wird in weitern prak- tischen Reihen fortgeführt, als das andere, das im Theoretischen auf die Elemente, im Praktischen auf die gewöhnlichsten einfachsten Messungen beschränkt werden mag.

Die Realien dürfen nicht als gesonderte wissenschaftliche Fächer in der Kinderschule betrieben werden; sie sollen nur Stoff bieten zur Denk= und Sprachübung. So die Geschichte zum mündlichen und schriftlichen Erzählen, die Naturkunde zu Beschrei- bungen, und dieser Stoff ist in einem Lesebuche niedergelegt, dessen Abschnitte nach Form und Inhalt sich von den realistischen Kom- pendien gänzlich unterscheiden. Die Erdkunde wird vorzugsweise durch Landkarten und deren Erklärung betrieben; die mathema- tische beschränkt sich auf wenige wichtige Sätze; aus der physika- lischen wird das Wichtigste bei der Erklärung der Karten mitge- theilt. Durch diese Beschränkung wird dafür gesorgt, daß nicht mehr durch das Einlernen von Sachen, die alsbald wieder ver- gessen werden, der wichtigste und bildendste Lehrgegenstand beein- trächtigt werde, sondern daß die realistische Uebung die Sprachbildung fördern helfe. Auch bei dieser bloß fragmentarischen Behandlung wird es möglich sein, dem Schüler die nöthigsten realistischen Kenntnisse zu verschaffen, und zwar eben in der Weise und in dem Umfange, daß ein Vergessen nicht so bald zu befürchten ist.

In Hinsicht auf die sogenannten Kunstfächer — Zeichnen und Schönschreiben — ist ebenfalls bei Ermittlung des allgemeinen Lehrplanes eine Beschränkung zu empfehlen. Es wird nicht zu viel gesagt sein, wenn der Zeichnungsunterricht nur in jenen Landschulen eingeführt werden soll, die in gewerbtreibenden industriellen Dörfern bestehen, in andern dürfte man das Zeichnen wol aus der Liste der Lehrgegenstände streichen. Im Schönschreiben wird es genug sein, wenn sich der Schüler eine leicht ausführbare, einfache, deutliche Handschrift in deutschen und etwa in lateinischen Buchstaben aneignet, die vorzugsweise so beschaffen sein sollen, daß sie schnell und auch mit schwerer Hand noch sicher und deutlich gezogen werden können. Der Gesangbildung hingegen muß viel mehr Zeit und Kraft zugewiesen werden, als bisher meistens geschehen ist. Ich habe die hohe Bedeutung dieses Faches (Seite 25 und 54) ausführlich entwickelt und verweise auf jene Stellen. Ein geistreicher Schriftsteller sagt: „Ein Volk, das singt, ist kein verdorbenes Volk.“ Gewiß, wir können dem austretenden Schüler kaum ein angenehmeres Geschenk mitgeben, als eine gebildete Stimme und einen Schatz schöner Melodien und Liedertexte. Darum spreche ich es auch ohne Scheu aus: neben der Religions- und Sittenlehre und der Sprachlehre ist mir der Gesangunterricht fast das wichtigste Fach.

Religiöse und moralische Bildung habe ich bereits als die höchsten Erstrebnisse der Volksschule hervorgestellt und beziehe hieher meine Erörterungen (Seite 27 und 34). Daß ich also diesen Gegenstand bei der Entwerfung des Lehrplanes besonders berücksichtigt wünschen muß, ist schon aus jener Bestimmung klar. Dabei erkläre ich aber unumwunden, daß eine große Anzahl von Lehrstunden hier keineswegs dem Zwecke allein entspricht. Ich fordere, daß die theoretische Richtung (Lehre) nicht als genügend angenommen werde, sondern daß der Lehre die praktische Richtung (Erbauung) zur Seite gehe. Hierunter verstehe ich namentlich freies Gebet der Schüler aus dem Herzen (für einen kranken Mitschüler, für geliebte Leidende, um segensreiche Witterung, um Milderung des Unglücks u. s. f.), erbaulichen, freudigen Gesang (hier nicht Gesangunterricht) gemüthliche Unterhaltung, Erzählen, Vorlesen (nicht Aufsagen des Auswendiggelernten, nicht Leseübung am religiösen Stoffe): für diese praktische Seite fordere ich auch Zeit, und darum Berücksichtigung im Lehrplan. Bei der Wichtigkeit des Gegenstandes mag es mir gestattet sein, hier noch einige besondere Bemerkungen zu den Stellen auf S. 27 und 34 hinzuzufügen.

Für die Verbesserung des Unterrichtes in Religion und Moral und zur Vermeidung des Verlustes, der nach dem Austritte des Schülers durch „Vergessen" Statt findet, ist es ferner nothwendig, daß man den Unterricht in derjenigen Richtung, die so viel für die Vergeßlichkeit einlernt, streng beschränke, und desto mehr in der Richtung wirke, die Herz und Sinn wahrhaft bildet, und nicht das Gedächtniß allein zum Schirme hat.

In dieser Hinsicht muß auch Religions= und Sittenlehre nach pädagogischen Grundsätzen ihren Stoff ordnen und mittheilen. Nach der Fassungskraft des kindlichen Sinnes und Herzens muß mit dem Einfachen, dieser Stufe menschlicher Entwicklung Angemessenes begonnen werden; Liebe und Freundlichkeit muß den Stoff würzen, daß die Kleinen sich mehr als auf jede andere Stunde, gerade auf die Stunden in diesem Bildungsgegenstande freuen. Alles, was nur schwer oder gar nicht verstanden wird und zu mühsamen Erklärungen veranlaßt, muß ausgeschieden werden. Ganz vorzüglich eignen sich hiefür Erzählungen, in welchen der Werth und das Glück guter Eigenschaften und Tha=ten dargestellt ist. Diese Erzählungen werden aber am zweckmä=ßigsten von dem Lehrer selbst, frei, in kindlicher Sprache vorge=tragen, und die Ergebnisse müssen aus einem Kreise genommen werden, in welchem die Kinder heimisch sind. Die erste, wirk=

samste Hinleitung der Kinder zu ihrem Gott geschieht am besten durch Darstellungen, welche Zeugniß von der Liebe und Güte des allmächtigen Vaters geben. Das kindliche Gebet knüpft sich dann naturgemäß an diese Erzählungen und Darstellungen, unter diesen sind aber nicht eingelernte, wol gar lange, zum Theil unverständliche, gereimte Gebetsformeln zu verstehen, sondern einfache Sätze, in welche das fromme Kinderherz seine Gefühle, Bitten und Wünsche selbst einzukleiden vermag. Es ist von unendlicher Wichtigkeit, daß kleine Kinder schon frei zum himmlischen Vater in ihrer kindlichen Ansicht sich wenden. —

Wie auf diese Weise neben dem Religionsunterricht die Religionsübung eintritt, so kann auch der Lehrer schon in der Schule im Benehmen der Kinder unter einander eine praktische Sittenübung einleiten. Nur so, auf dem doppelten Wege der Lehre und der Uebung, wird die Religions= und Sittenbildung erzielt.

Erst dann, wann der Schüler Lesefertigkeit besitzt, soll das Lesen als Mittel zur religiösen und sittlichen Bildung benutzt werden. Ein wohlgewählter Cyklus biblischer Geschichten ist alsdann der zweckdienlichste Stoff. Das fragmentarische Lesen der Bibel, vorzugsweise im neuen Testamente, tritt mit der steigenden Fassungskraft ein; das Memoriren von biblischen Sprüchen und religiösen Liedern geschieht dann, wenn der Schüler die konzentrirten Lehren oder poetischen Darstellungen mit klarem Verständniß und wahrer Erbauung aufzunehmen im Stande ist, und hier ist nicht nur eine Beschränkung der Aufgabe, sondern auch der Zeitbenutzung in vielen Schulen nöthig. Der kirchliche Katechismus endlich bildet den Schlußstein des eigentlichen Schulunterrichtes, und seine Behandlung muß sich aus den Fesseln bloßer Form und Gedächtnißübung befreien, und in gemüthlicher Katechese, die eine freie Wechselwirkung zwischen Schüler und Lehrer einleitet, Leben und Kraft erhalten. Die Tugendlehre benutzt hauptsächlich biographische Schilderungen aus der Geschichte.

3) In jedem Bezirke soll ein theoretisch gebildeter und praktisch tüchtiger, in der Kraft der Jahre stehender Schulmann als Schulinspektor angestellt werden, dessen ausschließliches Amtsgeschäft die Inspektion und Visitation der Schulen und die Erwirkung zur Ermunterung der Lehrer ist.

Ein solcher Schulbeamter wird jährlich wenigstens zweimal jede Schule inspiziren; es steht ihm frei, Examinatorien vorzunehmen und jede Untersuchung zu führen, die ihm immer zur genauen Sachkenntniß angemessen ist. Die Ortsschulvorsteher erstatten an ihn ihre Berichte und er berichtet an die Oberbehörde, die wiederum durch ihn ihre Mittheilungen, Verordnungen und Befehle an die Ortsschulbehörden, an die Konferenzen und Lehrer gelangen läßt. Schulen und Lehrer oder Schulvorsteher, die es bedürfen, werden auch strengerer Aufsicht und frequenter Visitation unterzogen. Er wacht nicht nur über die Ausführung des Lehrplanes hinsichtlich der Leistung in den Schulfächern, sondern auch über Disziplin, Gesittung, Schulbesuch, Lokale, Lehrmittel u. s. f.

Als Direktor der Lehrerkonferenzen hält er die Lehrer in steter Regsamkeit für wissenschaftliche Bestrebungen, für ihre selbsteigene Ausbildung. Er befördert die gemeinsame Anschaffung und Benützung neuer Schulschriften und führt durch Musterlektionen die Lehrer zu größerer Geschicklichkeit im praktischen Schulwesen.

Zu solchen Bezirksschulbeamten werden vorzugsweise jüngere Schulmänner gewählt, die mit vorragender Bildung namentlich Energie, praktische Gewandtheit und vorleuchtende Liebe für das Schulwesen besitzen. Das sittliche Betragen des Lehrers wird insbesondere einer strengen Kontrole unterworfen.

4) Die Sonntagsschulen sollen sich nicht mehr bloß mit der Repetition oder Ergänzung des in der Kinder-

6

schule zu Erlernenden beschäftigen, sondern eine eigene, der Alters- und Entwicklungsstufe angemessene Einrichtung erhalten, wobei aber der Schüler verpflichtet ist, gestellte Aufgaben unter der Woche bei Hause auszuarbeiten.

Haben die Schüler die nothwendigsten Kenntnisse und Fertigkeiten in der Kinderschule wohl erworben, so ist jenes Repetiren und Ergänzen überflüssig, und sollte dies nicht geschehen sein, so werden die wenigen sonntäglichen Schulstunden auch Nichts weiter erzielen. — In der Sonntagsschule sollen hauptsächlich hervortreten:

a) Realistische Mittheilungen durch den Lehrer, z. B. historisch-biographische Darstellungen, Schilderungen aus der Natur- und Erdkunde u. s. w. Daß die interrogative und examinatorische Wechselwirkung zwischen Lehrer und Schülern manchmal in den Kreis freier Besprechungen hinüberführe, ist zulässig.

b) Vortrag poetischer Stücke (Lesen und Deklamiren).

c) Gesang zur Unterhaltung, Erbauung und Weiterbildung.

d) Besprechung über das während der Woche bei Hause Gelesene.

e) Periodische Censur der bei Hause gefertigten schriftlichen und arithmetischen Aufgaben.

5) Der Staat (in größern Reichen unter dessen Aufsicht die Provinz) sorgt für die Abfassung, Auswahl und Einführung der Lehrmittel in die Kinderschule — ebenso für die Mittheilung geeigneter Schriften an die Genossen der Sonntagsschule.

Daß hiebei eine Kommission kompetenter Schulmänner hauptsächlich mitwirken müßte, wird sogleich einleuchten. Die Vortheile, welche in der diesfälligen Einrichtung der Schule liegen, sind zunächst folgende:

a) Die Einführung zweckmäßiger Lehrmittel in allen Schulen;

b) Höchstmögliche Wohlfeilheit der Schulbücher;

c) Vermeidung häufiger Wechsel und unzweckmäßiger Experimente;

d) Möglichkeit, die Seminaristen mit dem besten Gebrauche der Lehrmittel genau bekannt zu machen;

e) Nationelle Uebereinstimmung im Volksbildungsgange;

f) die Leichtigkeit, mit welcher sich der in eine andere Schule versetzte Lehrer oder Schüler wieder in die Stellung findet;

g) Sicherheit, daß nicht einzelne Fächer auf Unkosten der andern zu weit getrieben, und nicht das minder Nützliche statt des Nothwendigen betrieben wird;

h) Grundlagen und Gränzlinien zum allgemeinen Lehrplan, sichere Abstufung des Lehrstoffes;

i) Maßstab der Leistungen bei Beurtheilung verschiedener Schulen.

Die Bildungsmittel für die Genossen der Sonntagsschule müssen mit dem oben angedeuteten Zwecke übereinstimmen, sie seien:

a) Bücher belehrenden und unterhaltenden Inhalts, die der Schulbibliothek angehören, aber auch den Schülern zum Lesen ins Haus gegeben werden;

b) eine Wochenschrift, von der jeder Schüler regelmäßig wöchentlich sein Exemplar erhält.

6) Die ökonomische Lage der Schullehrer muß auf den Grad verbessert werden, daß dieselben bei bescheidener und sparsamer Haushaltung ihr Auskommen finden.

Die Erfüllung dieser Forderung ist die wesentlichste Bedingung für den gedeihlichen Fortgang des Schulwesens. Ueber das Verderbliche der Betreibung eines andern Berufsgeschäftes neben der Schule habe ich S. 40 gesprochen, und eben dort folgt auch eine Schilderung der großen Nachtheile, welche aus der bedräng-

ten ökonomischen Lage des Lehrers auf die Schule übergehen.
Indem ich auf jene Stellen verweise, möchte ich es allen Für=
sten und Staatsmännern aufs dringlichste ans Herz legen, doch
dem so häufigen und schrecklichen Elend der Lehrerfamilien zu
steuern. Wie sollte es möglich sein, daß Vater und Mutter und
vielleicht mehrere Kinder mit einem Einkommen, das für den
Tag kaum ⅖ fl. abwirft, leben könnten? Hat nicht der einzelne
Werkgeselle und Handlanger mehr? — Und wenn dann vollends
Krankheit oder sonstiges Unglück die Familie heimsucht, was soll
sie, um Gotteswillen! anfangen? Ich weiß es wohl, daß überall
die Staats= und Gemeindslasten schwer sind; ich will mich darum
gern so viel möglich bescheiden; aber nur auch so hoch werde
die Besoldung gebracht, daß der Lehrer dem Handwerksgesellen
gleich stehe. Das ist doch, bei Gott, nicht viel gefordert, und
darum sollte die Forderung auch erreicht werden können. Baiern,
Würtemberg, Baden, Hessen, Sachsen, die Schweiz haben in
der letzten Zeit die größte Noth gehoben, möchte doch Preußen,
das mit vielem Recht gerühmte Preußen, unter seinem väterli=
chen Könige, der so großes für die Wissenschaft thut, den Jam=
mer von 12000 ärmlich besoldeten Lehren vernehmen!! Es
sind ja nicht nur die Tausende von Lehrern, es sind hundert
Tausende von Kindern, die unter den niedergeschlagenen, betrüb=
ten, kummervollen Lehrern auch verkümmern, in deren jugend=
liche Herzen der Gram und Schmerz des Lehrers übergeht, so
daß der heitere Kindersinn daraus verdrängt wird und die Schule
ein Ort der Qual. Sollte es reich besoldete, hohe Beamte
weltlichen Standes geben, die nicht berechneten und fühlten, was
es heißt, mit einem Einkommen von ⅖ fl. täglich zu leben?
Sollte es Geistliche geben, die nicht des Schullehrers Noth mit=
fühlten? O, meiden wir doch sophistische und pietistische Trost=
gründe und Vorspiegelungen, wo die bitterste Armut am Herzen
des gebeugten Vaters nagt!

7) Wenn den Lehrern ein ordentliches Einkommen zugesichert ist, so sollen die Aufnahmsbedingungen in den Lehrstand erhöht und die Aufsicht über Amtsthätigkeit und sittliches Betragen verschärft, ferner die einzelnen Lehrer je innerhalb 10 Jahren einmal zu einem neuen Lehrkurse von der Dauer einiger Monate in das Seminar einberufen werden.

Daß gegenwärtig eine große Anzahl unfähiger und ungeeigneter Lehrer angestellt sei, wird kaum Jemand bestreiten, der das Personal näher kennt. Die näheren Aufschlüsse hierüber finden sich S. 38 bis 43. Wie könnte es auch anders sein unter solchen Dienstverhältnissen. Und daß bei vielen Lehrern aus Mitleid und in Betracht ihres erbärmlichen Lohnes hinsichtlich ihrer Leistungen durch die Finger gesehen wurde, ist eine ebenso unbestreitbare Thatsache (S. 42). Heillose Uebelstände walten hier vor; heilos, so lange nicht mit vollem Rechte und mit voller Kraft auf deren Abstellung gedrungen werden kann oder mag. Ich wiederhole es noch einmal, eine schlechte Schule ist nicht nur kein Gewinn, sondern größter Schaden. Lieber keine Schule, als nur eine schlechte! Nachsicht und Mitleid gegen pflichtvergessene und namentlich gegen sittenlose Lehrer ist eine Versündigung an der Jugend, eine Sünde gegen den heiligen Geist. Kein Erbarmen gegen einen Einzelnen, wobei Hunderte jugendlicher Seelen zum Opfer gebracht werden! Ein geduldeter schlechter Mensch als Lehrer ist ein Moloch, dem die schwachen Schulvorsteher die Kinder ans sündenglühende Herz legen.

Die periodischen Lehrkurse sind aus mehrfachen Gründen nothwendig. Hat einmal ein Lehrer in etwa 10 Jahren zehnmal seinen Gang gemacht, so muß er neu erfüllt, neu gestärkt werden. Er muß im Seminar die Fortschritte der Didaktik kennen lernen, sich von den Forderungen der Zeit überzeugen und namentlich den Stand der Seminaristenschulen mit dem Stande seiner Schule vergleichen. Er darf nicht vor der Zeit den Weg des bequemern Alters und der leichtern Gewohnheit betreten: jugendliche Strebsamkeit gebührt dem Jugendlehrer.

———————

Die vorstehenden 7 Punkte enthalten nach meiner Ansicht das Wesentlichste, was gethan werden muß, um dem in der Frage bezeichneten Uebelstande vorzubeugen. Indessen glaube ich, daß noch viele Punkte; die in andern Abschnitten erörtert, auch in Beziehung auf die Verbesserung der unvollständigen Volks= schule in Betracht genommen werden dürfen; so in der I. Ab= theilung das Negative, in der zweiten das Positive. Ich hätte es für eine allzu große Zumuthung gehalten, in diesem einzelnen Abschnitte Alles das zu wiederholen, was aus den andern sich auf die Werktags= und Sonntagsschulen anwenden läßt.

Was der Staat, die Gemeinden, die Schulvorsteher, die Lehrer mitzuwirken haben, dürfte ziemlich vollständig in den Ab= schnitten enthalten sein. Die Eltern als solche anbelangend, möchte man an vielen Orten sich begnügen, wenn sie die Kin= der regelmäßig zur Schule schicken und nicht durch böses Bei= spiel das Gute, das in der Schule gegeben wird, unterdrücken und verderben. Pestalozzi's schöne Idee, daß vorzugsweise die Mütter an den Bestrebungen der Schule mehr Antheil nehmen, muß jedes Herz rühren und erquicken. Aber der edle Mann hat die häuslichen Verhältnisse, wie sie meistens bei den Land= leuten gestaltet sind, wohl nicht genug gekannt und gewür= digt. O, die Frau eines Bauers und eines Handwerkers hat einen schweren Werktag, oft sogar einen arbeitsvollen Sonntag; denn auch an diesem muß das Hauswesen fortgeführt werden. Was gibt es da nicht in der Küche, am Bett der Kleinsten, in den Kammern, wol auch im Stall nachzusehen und selbst zu vollbringen. Dann kommt noch der Garten und nicht selten schwere Feldarbeit in der Hitze des Sommers. Und in den Winternächten sind die Kleider auszubessern; es wird gesponnen und gewoben, geflickt und gestrickt. — Von Zeit zu Zeit tritt ein neuer Ankömmling in die Familie, und die Mutter hat zu leiden und das Bett zu hüten. Es gränzt ans Unglaubliche, was häufig den Bauernfrauen zugemuthet wird und was sie in Haus= und Feldarbeit leisten. Man kann es unter solcher Last wohl begreifen, daß das Gemüthliche etwas herabgestimmt wird, und Pestalozzi's Gertrud ist und bleibt ein Ideal, das kaum je erreicht werden kann, dem unter hundert Müttern kaum eine nachzustreben vermag. Und wenden wir uns von den Bauern= dörfern zu Gegenden, Dörfern und Städten, in welchen Fabri= kation vorherrschend ist, so überzeugt uns die Verbreitung der sogenannten Kleinkinderschulen, daß — leider! das Familienleben immer mehr zerrissen wird. Das ist nun einmal eine der be= trübenden Seiten unserer manigfach verwickelten und künstlichen sozialen Verhältnisse, die man, bei der stets wachsenden Bevöl= kerung und den steigenden Lebensbedürfnissen, nicht verbergen kann.

Schlußbemerkung.

In der Ansicht, diese Abhandlung liefere den Beweis, daß ich kein allzugünstiges Urtheil von dem jetzigen Zustande der Volksschule und ihren bisherigen Leistungen abgeben möchte; glaube ich mich berechtigt, am Schlusse dieser Abhandlung noch einige Bemerkungen über die Urtheile herzusetzen, welche höchst verdienstvolle oder ehrwürdige Männer über die Bestrebung der Volksschule ausgesprochen haben. Man hört, die Volksschule habe Unzufriedenheit unter Bürgern und Bauern erregt, So= phisterei befördert, das Christenthum beeinträchtigt. Mir scheint

es denn doch, daß bei diesem harten Urtheil unsere Zeit, ihre Er=
scheinungen, Forderungen und Bedürfnisse zu wenig in Rücksicht
gezogen worden sind. Leider ist es wahr: wir mußten von Hand=
werksburschen hören, die sich demagogischen Umtrieben ange=
schlossen haben. Aber ich frage ohne allen Seitenblick, ohne
Vorwurf: Wer sind Diejenigen, die jene jungen Handwerker zu
diesen Umtrieben verlockten? Wo erhielten jene ihre Bildung?
— Ich bitte, daß man das deutsche Volk, das die Volksschu=
len besucht hat, vergleiche mit dem französischen, spanischen
u. n. a. und dann prüfe, wie es sich in unruhigen Zeiten be=
nommen habe, und wie es sich in friedlichen gegen seine Mit=
bürger, gegen Regierungen, Fürsten und den geistlichen Stand
verhalte. Gewiß, die Volksschule wird hier kein so hartes Ur=
theil zu fürchten haben, insofern dasselbe ein gerechtes ist. Ich
habe auf Reisen das französische, englische, schweizerische und
deutsche Volk in seinem häuslichen und geselligen Leben beobach=
tet, ich habe Volksversammlungen gesehen von geschulten und
ungeschulten Haufen, und ich kann es bei Gott bezeugen, daß
jenes Volk, das gute Schulen hat, weitaus in allen Richtungen
den Vorzug verdient.

Beobachte und würdige man doch auch die Erscheinungen,
die neben und außer der Volksschule auf die Gesinnung und Ge=
sittung des Volkes wirken! Die Produkte der Presse werden
von Jahr zu Jahr wohlfeiler, mannigfaltiger. Kolporteurs kom=
men bis in die letzten Dörfer und Höfe und nicht selten greifen
die Ununterrichteten gerade zum Verderblichen — der Verkehr
wird in ungeheurer Ausdehnung erleichtert. Aus fremden Län=
dern werden Ideen eingetragen, die wahrlich mit dem Bestreben
der Volksschule stark genug kontrastiren. Ueberdieß aber möchte
ich recht innig darum ansuchen, daß doch Niemand das Glück
der Unwissenheit allzu hoch anschlage. Die poetischen Schilde=
rungen des seligen unbekannten Landlebens stimmen fast nirgend
mit der Wirklichkeit überein. Rohheit, Gemeinheit, Stumpf=

sinnigkeit, niedrig sinnliche Genüsse geben keine menschliche Glückseligkeit, sondern nur thierische Lust. Nur unter gebildetern Landleuten traf ich jenes edlere Verhältniß; je unwissender, desto roher waren sie in der Regel, und ich sah Kinder und Dienstboten nicht menschlich, sondern viehisch behandelt.

„Lesen, schreiben, rechnen und Katechismus," heißt es, das sei der wahre Bereich der Volksschule. Ich könnte mich in der Hauptsache mit diesem Maße befriedigen (den Gesang jedoch in keiner Weise aufgebend); es kommt aber nur darauf an, was unter jenen Fächern verstanden wird. „Lesen" mit Fertigkeit und mit Verständniß kann nicht an Einem Buche erlernt werden; es gehört dazu mannigfaltiger Stoff: und warum sollte dieser nicht zum Theil vom realistischen Gebiete genommen werden? „Schreiben" nach seiner wahren Bedeutung ist ohne Denken gar nicht möglich und ebensowenig Rechnen ohne Verstandesübung; den Katechismus *) ehren wir, aber sein Inhalt darf nicht bloß auswendig gelernt werden, er muß verstanden sein und zur religiösen Veredlung beigetragen haben. Das, was man in den ältern Volksschulen unter genannten Fächern verstanden hat, ist keineswegs ausreichend für die jetzigen und künftigen Verhältnisse; unsere Volksschule muß Höheres und Tieferes erstreben. Die Klagen über abnehmende Christlichkeit und Kirchlichkeit findet man am allerwenigsten da, wo ein guter Prediger und guter Schullehrer friedlich wirken. Und wo die Abnahme sich zeigt, ist immer die Schuld auf Seite der Schule? — Die Schulen der Gelehrten haben ihr Gebiet erweitert; dieß lag in den Fortschritten der Wissenschaft, in der Steigerung geistiger Kräfte. Auch die Volksschule muß ihr Gebiet erweitern; dieß liegt in den Bedürfnissen des Volkes und den Forderungen der Zivilisation, in allen sozialen Verhältnissen.

---

*) Hier ist von den deutschen Schulen die Rede, welche von den Kindern bis zum 14. Lebensjahre besucht werden.

Ein verständiges, edelmüthiges, christlich gesinntes, geistig thätiges Volk wird Deutschland vor allen jenen Greueln bewahren, die in Ländern entstanden sind, und noch fortdauern, in welchen die untern Volksklassen keinen Schulunterricht genossen haben. Ein gebildetes Volk kennt seine zeitlichen Interessen und seine ewige Bestimmung, und wird nicht leicht der Spielball von meutrischen Faktionen und ungläubigen, unsittlichen Verführern. Geben wir darum unsere Bestrebungen für allgemeine Volksbildung nicht auf, verbessern wir die Fehler, ergänzen wir die Mängel, und suchen wir mit Kraft und Vertrauen allmälig jene Mittel und Einrichtungen zu erlangen, durch welche die Volksschule zu einem wahrhaft segensreichen Institute erhoben werden kann!